서울의 하이스트리트

서울의 하이스트리트

명동, 홍대, 강남,
성수, 한남, 도산
대한민국
6대 상권의
비밀

김성순
지음

design house

들어가는 말

서울을 만든 하이스트리트의 현재, 그리고 미래

하이스트리트의 탄생

혼자 있는 사람을 좌표 평면에 그리면 점이 된다. 사람과 사람이 만난다. 점과 점이 모여 선이 되고, 선이 이어지고 쌓여 면이 된다. 면은 '호모 이코노미쿠스'인 우리가 어울려 사는 시장이자 사회다. 사람들이 모인 거리에서는 세일즈가 이루어진다. 미래학자 다니엘 핑크가 강조하듯 무언가를 파는 일, 곧 세일즈는 인간의 본성이다. 인간의 고유한 특성이 활개를 펴는 장은 다름 아닌 상권이다.

상권은 사고파는 일련의 경제 행위가 이루어지는 구역이다. 그 구역은 온라인과 오프라인 모두를 포괄하는데, 이 책에서는 상권의 범위를 오프라인에 한정하겠다. 발달한 상권에 하이스트리트high street가 부상한다. 하이스트리트는 평범한 거리가 아니다. 넓게는 상권의 중심지를 말하고 좁게는 카페, 레스토랑, 뷰티·패션·테크 브랜드가 밀집된 길을 지칭한다. 또한 플래그십 스토어, 기업 본사, 금융 기관 등이 들어선 중심업무지구Central Business District, CBD나 대형 오피스타운, 높은 소비력을 갖춘 고소득층의 주거 지역을 아우르는 제일의 번화가를 의미하기도 한다. 흔히 회자되는 대표적 하이스트리트로 밀라노의 비아 몬테 나폴레오네, 뉴욕의 5번가, 런던의 뉴 본드 스트리트, 홍콩의 침사추이를 꼽을 수 있다. 기술한 도시의 순서는 세계에서 임대료가 가장 높은 거리의 순서와 일치한다. 근소한 차이지만 아성의 뉴욕 5번가를 제치고 최고의 땅값을 자랑하는 밀라노의 비아 몬테 나폴레오네는 1제곱미터당 연 임대료가 약 3,100만 원에 육박한다(9위를 차지한 명동은 약 1,100만 원이다).

그렇다면 하이스트리트는 어떻게 만들어지는가? 상권은 인위적으로 만들어질 수 있는가? 이에 상권은 자연발생적으로 태동하고, 하이스트리트는 시장 논리에 따라 일정 부분 설계된다고 답하겠다. 예컨대 인사동길은 상권 형성을 위해 의도적으로 만들어진 거리는 아니지만, 광화문의 디타워나 더현대 서울과 같은 대형 복합 상업 시설이 전략적으로 기획되어 만들어지는 것과 유사한 맥락이다. 상권은 진공 상태의 조형물이 아니다. 사람들이 자발적으로 특정 거리를 찾을 때 상업상의 트래픽이 생기고, 트래픽이 일정 수준으로 안정되거나 상승 곡선을 그릴 때,

다양한 권력을 가진 사람들이 모여 상권을 고도화한다.

리테일 1.0 시대가 저물자 2.0 시대가 왔다. 2.0 시대가 효용을 다하자 3.0 시대가 왔으며, 오프라인의 변곡점이 된 팬데믹이 시작되자 엎친 데 덮치듯 리테일 4.0 시대가 왔다. 백화점의 시대에서 쇼핑센터의 시대로, 전자상거래의 시대에서 온·오프라인 융합의 시대가 도래했다. 그 혼란한 전환의 소용돌이에서 시장은 흔들렸고 우리는 좌충우돌했다. 리테일의 변화 속도가 매우 빠르고 기세가 매서웠던 것은 유감스럽지만 변화의 흐름 자체는 자연스러운 것이라고 생각한다. 문명을 뒤흔드는 거대한 전환은 상냥한 얼굴로 찾아오지 않는다.

리테일의 변화에 따라 하이스트리트의 사용 방식도 달라졌다. 그 사용 방식의 변화를 확증하는 게임체인저는 누구인가? 자본이다. 융성한 신자유주의 체제에서 수요와 공급이 활발한 구역에 자본이 몰리는 것을 막을 수는 없다. 자본은 힘이 세고, 힘센 자본의 물길에는 부의 창출이라는 뚜렷한 목적이 있다. 우월한 인재에게 성장 자원이 집중되듯, 상권이라는 유기체가 우량종으로 판명되면 거대 자본이 투자를 통해 발전을 부추긴다. 이것이 서울의 주요 하이스트리트가 만들어지는 메커니즘의 일면이다.

전통 상권과 신흥 상권의 대표 주자

인간은 생애 주기를 따라 산다. 유아동기에서 청년기로, 청년기에서 장년기로, 장년기에서 노년기로 나아가는 인간의 삶처럼 상권도 동일한 사이클로 발달한다. 상권의 성숙도와 발달 단계를 판단하는 기준은 그 상권을 견인하는 주요 산업과 브랜드다. 식음에서 패션으로, 패션에서 테크로, 테크에서 마침내 럭셔리로 상권은 성숙의 주기를 완성하고, 기술한 산업의 순서대로 임대료 지불 능력이 늘어난다. 세계에서 가장 높은 임대료를 내는 주인공은 IWC 샤프하우젠, 까르띠에, 몽블랑 등 20여 개의 럭셔리 브랜드를 운영하는 리치몬트 그룹과 굴지의 사치재 제조 기업 LVMH다. 그리고 현대화의 상징인 애플 스토어가 있다.

좁은 의미의 하이스트리트인 패션의 허브는 얼핏 가늠해도 전국에 스무 곳이 넘는다. 서울의 명동, 홍대, 강남, 성수, 한남, 도산뿐 아니라 가로수길, 건대, 노원, 신림, 신촌, 연남, 청담 등이 있고, 광주의 충장로, 청주의 성안길, 부산의 광복로, 대전의 은행동 등도 엄연한 하이스트리트다. 다만 하이스트리트에는 위계가 있다. 성형·시술·피부 관리에 전문화된 클리닉, 라이프스타일·테크·럭셔리 브랜드가 등장할수록 하이스트리트는 성숙한 것이다. 패션 그 외의 카테고리가 생겨나 산업 분포가 다각화된 거리는 발달한 하이스트리트의 전형이고, 하이스트리트의 성숙은 우량 상권의 건실함을 보증하는 상징적 브랜드로 완성된다. 바로 리테일의 끝판왕인 애플스토어다.

이 책에서 애플스토어라는 권력으로 완성된 전통 상권인 명동, 홍대, 강남을 메가 하이스트리트^{Mega High Street}라 하겠다. 이에 2030 젊은 세대의 이목을 집중시키는 화제성과 '힙'한 에너지로 색다른 오라를 내뿜으며 수직 성장 중인 성수, 한남, 도산을 네오 하이스트리트^{Neo High Street}라 부르겠다. 대부분의 신흥 권력은 기존 체제가 흔들리는 위기 상황에서 탄생한다. 네오 하이스트리트는 리테일의 판도를 뒤바꾼 팬데믹 시기에 급부상했다. 명동, 홍대, 강남 그리고 성수, 한남, 도산은 국내 제일의 상권으로, 글로벌 브랜드의 한국 진출은 이 여섯 개 상권에서만 이루어지고 있다.

메가 하이스트리트와 네오 하이스트리트는 상반된 질서를 보인다. 노골적으로 말하면, 전통 상권과 신흥 상권의 구도에서 대립각을 보이며 고유의 아이덴티티를 강화한다. 정통성을 동력으로 하는 메가 하이스트리트는 회복탄력성, 문화 인프라, 접근성이 뛰어나다. 인품 좋은 중년의 사회인처럼 주변인들과 우호적으로 관계한다. 예컨대 명동은 시청과 광화문 일대의 생활 인구와 유동 인구를 긍정적으로 흡수해 힘을 키운다. 폭발적인 화제성, 독자성, 파괴성을 가진 네오 하이스트리트는 배후 세력과 선을 그으며 도도한 섹트주의로 영토의 차이를 부각한다. 일테면 한남은 인접한 이태원과, 도산은 지근거리의 로데오와 구별되는 배타적 정체성을 끊임없이 어필한다. 화려한 스펙에 일머리도 있는 사회 초년생이 기성세대와는 다른 방식으로 사회생활을 하는 것과 같다.

일반적인 하이스트리트와 메가·네오 하이스트리트에는 위계가 있다. 그러나 메가 하이스트리트와 네오 하이스트리트 간에는 위계를 구분 짓기 어렵다. 그것은 사실 판단이 아니라 차라리 가치 판단의 영역이다. 당신은 싸이와 블랙핑크 중 어떤 가수가 위대하다고 생각하는가? 싸이는 〈강남스타일〉로 글로벌 마켓에서 K팝의 문을 열었다. 블랙핑크는 K컬처의 판을 키웠다. 시조와 대세, 무엇이 더 위대한가.

무엇이 하이스트리트를 만드는가

하이스트리트는 부동산, 투자, 금융, IT, 패션, 유통 등 다양한 업계에서 두루 쓰이는 용어다. 두루 쓰여 남아진 용어의 장점이자 난점은 편의에 따른 의미 부여가 가능하다는 것이다. 경제 전반에서 통용되는 하이스트리트에 대한 암묵적 합의는 이런 것 같다. 최신 트렌드와 청춘의 에너지가 생동하고, 기민한 감성으로 대중에게 라이프스타일을 앞서 제시하는 힙스터가 출몰하며, 동네 상권에 비해 임대료가 높은 일대를 통상 하이스트리트라고 상정하는 것이다. 잘못 이해한 것은 아니지만 언어화하기 난해한, 이른바 '느낌적인 느낌'으로 하이스트리트의 현재를 정확히 설명하거나 진단하기 어렵다.

그렇다면 무엇이 하이스트리트를 하이스트리트답게 만드는가? 어떤 차별화된 조건이 특정 거리에 희소성을 부여하는가? 무엇이 하이스트리트의 재화 가치를 만드는가? 과연 하이스트리트의 속성은 무엇인가? 이 질문들의 답을 모색하며 메가 하이스트리트와 네오 하이스트리트의 몇몇 특질에 주목했다. 바로 핵심 산업, 정통성과 화제성, 독자성과 파괴성, 회복탄력성, 배후 세력, 문화 인프라, 접근성이다.

보통의 상권과 구분되는 하이스트리트의 기준점은 핵심 산업이다. 상권의 성숙도 측면에서 볼 때, F&B$^{Food\ and\ Beverage}$를 넘어 패션이 원동력이 된 상권은 완전한 성년기에 들어선 하이스트리트다. 자본의 유입과 순환과 확장이 본격적으로 가능해진 판이라는 것이다.

정통성과 화제성은 하이스트리트의 아이덴티티를 부각하는 주요 속성이다. 정통성은 축적된 시간이 증명하는 상권의 구력을 의미하고, 화제성은 상권 성장에 폭발적 자양분이 되는 세간의 주목도, 곧 인기를 말한다. 정통성은 애플, 나이키, 아디다스 등 초대형 글로벌 브랜드가 국내로 진출할 때 참고하는 우수 상권의 절대 기준이다. 화제성은 그 연원을 명쾌하게 밝히기 까다로운 수수께끼에 가까운 현상으로, 청년층의 전면적 지지를 받는다.

독자성과 파괴성은 네오 하이스트리트에서 두드러지는 속성이다. 독자성은 새로운 문화 향유자의 등장을 암시한다. 실제로 네오 하이스트리트에서는 트렌디한 지식과 감성을 바탕으로 차별화된 콘텐츠가 생산, 발신되고 있다. 독자성은 배타적 구분 짓기를 통해 이색적인 정체성을 획득하게 한다. 이는 네오 하이스트리트의 강력한 성장판인데, 그 성장의 기세가 얼마나 등등하냐면 상권의 생애 주기 이론과 상권의 일반적인 생장 속도를 파괴할 정도다. 파괴성은 통념과 상식을 뛰어넘어 쾌속 질주하는 네오 하이스트리트의 폭발적 성장 에너지를 보여 주는 현상이다.

회복탄력성, 배후 세력, 문화 인프라, 접근성은 메가 하이스트리트에서 돋보이는 속성이다. 불안정한 경기 상황이나 불황의 위기에서 제자리를 지키고 공고히 하는 회복탄력성, 안정적 트래픽을 만드는 지리적으로 인접한 배후 세력, 버스킹·축제·문화 거리 등 관광 자원의 지위를 갖는 문화 인프라, 8차선 이상의 대로와 광역 대중교통 등 이동 수단의 편의가 뒷받침하는 접근성은 정통 상권의 유산이자 자산이다.

이러한 속성들이 얽혀 하이스트리트를 개발하고, 그 가치를 고양한다. 그렇다면 아홉 가지 속성을 모두 가진 이상적 하이스트리트가 존재하는가? 판단은 독자 여러분의 자유지만, 나는 세상에 그런 거리는 없다는 입장이다. 유토피아는 관념에서만 존재하고, 하이스트리트의 아홉 가지 속성 중 일부는 상충하는 힘에 가깝다. 상충하는 힘의 공존은 거친 봉합으로 이루어지지 않는다. 그 자체를 인정하고 그대로 두는 데서 실현된다.

6대 상권의 현재에 주목한다는 것

나는 근 20년간 쿠시먼앤드웨이크필드 Cushman & Wakefield(이하 C&W)의 일원으로, 부동산 서비스업에 몸담고 있다. C&W는 미국 뉴욕에서 설립된 이래로 전 세계 60여 개국, 400여 개의 지사에서 약 5만 3,000명의 전문가가 일하는 글로벌 부동산 서비스 회사다. 부동산 서비스 회사라니, 동종 업계나 유관 업계 사람이 아니라면 어떤 일을 하는 회사인지 생소할 것이다. 부동산 서비스 회사는 부동산의 자산 가치를 높이고, 효율적으로 운영하는 데 필요한 유무형의 서비스를 제공하는 기업이다. 유무형의 서비스는 부동산 개발 자문, 투자 자문, 자산 관리, 경영 컨설팅과 마케팅, 기획, 매각 자문, 운영 등을 아우른다.

이 소개가 원론적으로 느껴질 독자들을 위해 내가 C&W의 조직원들에게 자주 하는 말을 인용하자면, C&W는 '공간에 숨을 불어넣는' 조직이다. C&W의 플레이어들은 부동산이라는 거대한 무기체에 생명을 불어넣어 가치를 만든다. 랜드로드(임대인)에게는 부동산 자산 가치를 최대화하는 방안을 자문하고, 테넌트(임차인)에게는 그들의 콘텐츠 가치를 극대화할 사이트를 안내한다. 그간 애플, 블루보틀, 세포라, 올버즈, 홀리스터 등 글로벌 브랜드의 국내 첫 진출을 비롯해 티파니앤코, 반클리프 아펠, 펜디, 로에베 등의 럭셔리 브랜드와 자라, H&M 등의 SPA Specialty store retailer of Private label Apparel 브랜드 플래그십 오픈 전략을 지휘했다. 또한 IFC, 디타워, 아브뉴프랑, 파라다이스시티, 성수낙낙 등 복합 상업 시설의 기획과 운영 컨설팅에 참여했다. 이 과정에서 메가 하이스트리트와 네오 하이스트리트의 변화를 목격했고, 얼마간은 변화를 직접 설계했다. 그러면서 알게 되었다. 상권은 시대의 파도에 실려 끊임없이 변신을 거듭할 수밖에 없다는 것을 말이다.

상권은 시대와 함께 변화한다. 변화의 결과는 성장일 때도 있고, 소멸일 때도 있다. 교통이 좋다고, 생활권 인구가 많다고, 차려입은 젊은이들이 떼 지어 주말을 불태우는 소위 '핫플'이라고 해서 영원히 성장 곡선을 타는 것은 아니다. 사람들이 벌떼처럼 모여들어 단기간에 달뜬 상권은 이내 급격한 상승을 멈추고 현상을 유지하거나 퇴보하거나 흐지부지 사라진다.

이렇듯 상권은 예측하기 어렵고 복잡하다. 예사로운 인간의 삶처럼 상권은 대부분 생애 주기 이론대로 발달하지만, 건전한 이론이 예외를 허용하듯 반드시 그렇지만은 않다. 파괴적 영향력을 가진 네오 하이스트리트는 자기만의 성장 속도로 상권의 역사를 나날이 새로 쓴다. 상권의 거점이 되는 상징적 브랜드와 일부 내셔널 브랜드는 브랜드 아이덴티티를 다각화하거나 브랜드 이미지에 어울리지 않는 거리에 보란 듯이 매장을 내며 혼란을 부추기기도 한다. 메가 하이스트리트와 네오 하이스트리트는 각자의 속도와 질서 속에서 발달하지만, 상행위가 일어나는 장소라는 본질에 근거할 때 양측 모두 자본의 획득이라는 일관된 목적을 향한다는 점에서 같은 곳을 바라본다.

서울은 인구 1,000만을 바라보는 글로벌 메가시티다. 서울의 대표 하이스트리트인 명동, 홍대, 강남과 성수, 한남, 도산의 발달은 서울이라는 도시의 성장과 맥을 같이한다. 이 책에서 집중하는 것은 서울의 6대 하이스트리트의 현재다. 6대 하이스트리트는 팬데믹 이후 달라진 리테일의 사용법을 보여 준다. 머지않은 과거, 수요가 공급을 압도할 때의 오프라인 리테일은 생산자 주도의 장이었다. 우리는 제품 판매 시대를 건너 체험 소비 시대를 지나 경험 소비 시대의 정중앙에 있다. 전통의 유통 강자인 백화점과 대형 쇼핑몰의 영향력이 축소되고, 온라인 기반 플랫폼이 유통의 신흥 강호로 부상하며 물리적 공간과 디지털 공간의 경계를 해체했다. 오프라인 리테일은 새로운 고객 경험과 인게이지먼트를 강화하는 대형 플래그십 혹은 만남의 허브로 기능하고 있는데, 메가 하이스트리트와 네오 하이스트리트에서 출현하는 양상이 자못 다르다. 그 다름이 메가 하이스트리트와 네오 하이스트리트의 차이를 부각하고 아이덴티티를 강화한다.

    상권의 모세혈관인 자영업자들의 줄폐업이 이어지고 있다. 경기는 도대체 되살아날 기미가 보이지 않는다. 어지간한 강심장이 아닌 이상 해피엔딩을 그리기 어려운 지금, 오프라인 리테일의 미래는 있는가? 그 답을 얻기 위해 장기화되는 불황과 각종 사회 이슈에도 불구하고 여전히 발전 중인 하이스트리트의 현재를 들여다보고자 한다. 당면한 문제의 답은 현재에 있고, 현재 일어나는 현상을 숙고해 비판적 메시지를 추출하는 일은 곧 미래를 대비하는 일이기 때문이다.

많은 사람이 오프라인 리테일의 종말을 예견했다. 온라인의 실용성이 극대화되고 온·오프라인의 통합이 일상화되며 오프라인 리테일의 존재 이유를 여전히 의심하고 있다. 의심은 번뜩이는 통찰의 시발점이 되지만, 비관에서 싹튼 의심은 약 없는 화병의 원인이 되기도 한다. 삽시간에 변화하는 세상의 속도, 그로 인한 불확실성, 일자리뿐 아니라 인간의 존엄마저 삼킬 듯 약진 중인 AI의 압박은 당연했던 모든 걸 의심하게 하지만, 오프라인 리테일은 계속될 것이다. 있어야만 하는 것은 사라지지 않는다.

이 확신은 단지 낙천적이고 긍정적이며 결정론적인 인생관에서 비롯된 것이 아니다. 극단적인 발전주의는 하이테크를 낳았고, 빠르게 경신되는 하이테크는 우리로 하여금 지극히 인간적인 감성인 하이터치high touch를 열망하게 했다. 더욱이 길고 긴 팬데믹을 지나오며 인간과 인간은 결국 만나야 완전해진다는 것을 깨달았다. 오감이 자극될 때 커뮤니케이션과 인게이지먼트의 효과가 극대화된다는 것은 과학적 사실이다. 오프라인 리테일은 판매의 장을 넘어, 체험의 장을 넘어, 연결의 장이 되고 있다.

전통의 메가 하이스트리트와 신흥의 네오 하이스트리트에서 주목할 만한 현상을 여덟 개의 키워드로 정리했다. 1장에서는 부동산의 가치를 올려 수익을 극대화하는 전략인 '밸류애드value-add', 2장에서는 사람을 끌어들이는 상징인 '앵커anchor', 3장에서는 브랜드의 얼굴이자 아이덴티티 강화의 미디어로 자리한 '파사드facade'를 알아본다. 세 개의 키워드는 사람이 끊이지 않는 거리의 바탕이다. 4장에서 리테일의 기능을 결정적으로 뒤바꾼 '팬데믹', 5장에서 하이스트리트가 가진 사회문화적 자본인 '레이어^{layer}', 6장에서 신생 브랜드의 인큐베이터이자 기존 브랜드의 권위를 강화하는 인장이 된 하이스트리트의 '등용문' 현상을 살펴본다. 7장에서 국내를 넘어 세계적 트렌드가 된 한국의 문화 콘텐츠 'K'에 대해 숙고한다. 이 키워드들은 리테일 부동산 업계의 주요 관심사이자 하이스트리트를 만드는 기획자, 투자자, 상업 공간의 주체와 객체가 반색하는 주제어이기도 하다. 8장 '연결'에서는 시간과 시대와 사람과 세대를 연결 혹은 단절하며 영토의 힘을 강화하는 네오 하이스트리트와 메가 하이스트리트의 차이를 들여다볼 것이다.

차례

들어가는 말
서울을 만든 하이스트리트의 현재, 그리고 미래　　004

1장　밸류애드
상업용 부동산의 가치를 극대화하는 전략

01　상업 부동산 투자의 삼대장　　023
02　밸류애드는 무엇이고, 어떻게 실행되는가　　026
03　메가 하이스트리트의 밸류애드:
　　데이터 기반의 대규모 투자　　030
04　호텔을 통한 밸류애드 전략:
　　양적 공급을 넘어 질적 변화의 모멘텀에 선 호텔 산업　　044
05　네오 하이스트리트의 밸류애드:
　　문화 감수성 기반의 정보 창발　　051

기관 투자자와 개인 자산가 사이에서 균형 잡기　　071
_ 스타로드자산운용(주) 이혜원 대표이사

2장　앵커
발길과 마음을 잇는 연결의 닻

01　변화하는 리테일과 앵커의 진화　　077
02　메가 하이스트리트의 앵커:
　　글로벌 브랜드 플래그십에서 노점까지　　091
03　네오 하이스트리트의 앵커: 신생 브랜드의 출사표　　097

3장 파사드
상권의 얼굴이 된 브랜드 전략의 집결체

01 리테일 패러다임 변화와 파사드의 부상   105
02 미디어가 된 파사드   111
03 메가 하이스트리트와 네오 하이스트리트의
    파사드 전략   119
04 미래형 파사드   125

무신사가 증명한 파사드의 마케팅 레버리지   129
- 무신사 오프라인 총괄 박지원 실장

4장 팬데믹
10년의 변화를 앞당긴 리테일계의 타임머신

01 리테일 생태계의 재편   135
02 힘의 전환   139
03 전통 상권이 무너지고 신흥 상권이 도약한 이유   144
04 하이스트리트의 회복력과 성장력   148

5장 레이어
상권 경쟁력을 만드는 시간과 문화의 결

01 상권의 생애 주기   155
02 메가와 네오, 유한계급과 야망계급   163
03 한국 경제의 살아 있는 유산, 명동   167
04 한남, 글로벌 문화와 재벌 문화의 하이브리드   172

소셜 인프라가 결정하는 상권의 미래 가치   179
- 상인베스트먼트 한상웅 대표

6장 — 등용문
부와 권위를 상징하는 성공한 브랜드의 깃발

- 01 입신출세의 관문이 된 6대 하이스트리트 · 185
- 02 상업적 성공과 권위의 상징 명동, 홍대, 강남 · 189
- 03 기성과 차별되는 독자적 가치의 징표 · 195
- 04 유통 채널의 변화와 새로운 등용문의 출현 · 201

17년 브랜드 여정으로 읽는 도산과 한남 상권의 경제학 · 205
_ 유니페어 강재영 대표

7장 — K
하이스트리트의 새로운 엔진, K웨이브

- 01 불황의 늪에 빠진 대한민국 · 211
- 02 '글로컬' 시장과 한류 제너레이션 · 214
- 03 방문의 목적지가 된 K앵커들 · 219
- 04 메가 하이스트리트, 의료 관광의 허브가 되다 · 224

문화 경험이 공존하는 K클리닉의 새 물결 · 229
_ 쁨글로벌의원 이지은 대표원장

8장 — 연결
시간과 시대와 사람과 브랜드가 만나는 장소

- 01 상권과 조직의 유사성 · 235
- 02 문명화 과정으로서의 상권 · 239
- 03 포용적 연결과 선택적 연결이 만든 아이덴티티 · 243

나가는 말
공간에 숨을 불어넣는 사람들 · 248

참고문헌 · 254

1장

밸류애드

상업용 부동산의 가치를
극대화하는 전략

밸류애드는 상업용 부동산의 가치를 향상해
수익을 극대화하는 투자 전략이다.

01

상업 부동산
투자의 삼대장

　　부동산은 자산이다. 자산은 투자 방식에 따라 그 가치가 변동한다. 나는 부동산 투자를 종종 야구 스카우팅에 비유한다. 세 닝의 투수가 있다. 첫 번째 투수는 명실상부한 에이스로 FA 자격을 획득한 다승왕이다. 두 번째 투수는 전무후무한 구속을 가졌지만 구종이 하나뿐인 강속구 투수다. 세 번째 투수는 전도유망한 신인으로 순발력, 힘, 빼어난 피지컬을 가진 스무 살 청년이다. 당신이 구단 스카우터라면 누구를 선택하겠는가?

　　스카우터의 선택은 구단이 처한 상황에 따라 달라질 것이다. 올해 우승을 목표로 하고 자금의 여유가 있다면 망설임 없이 객관적 데이터가 가치를 보증하는 첫 번째 투수를 스카우트할 것이다. 우승을 향한 열망이 있으나 자금 여력이 없다면 아마도 두 번째 투수를 선택할 것이다. 당장 우승을 목표하기보다 몇 년 후를 기약하며 팀을 강화하는 중이라면 세 번째 투수를 영입해 팀의 든든한 자산으로 만들 것이다.

선수 영입은 구단의 목표와 전략에 따라 결과가 달라진다. 부동산 투자도 이와 맥이 같다. 어떤 목적을 가지고, 특정한 기간에 전체 자산의 얼마를 투자하느냐에 따라 투자 종목과 결과가 달라진다. 이는 누구나 수긍할 만한 투자의 전제 조건이다. 그러나 이 조건을 숙고하는 투자자는 많지 않은 것 같다. 막연히 투자 수익률이 높을 것 같아서, 상권이 뜰 것 같다는 기대 심리에 근거해 건물을 매입한다. 숙고 없는 투자가 낭패로 이어지는 것은 예정된 결말이다.

상업 부동산 투자는 크게 세 종류로 나눌 수 있다. 첫째는 검증된 에이스 투수와 같은 '우량 투자'다. 우량 투자는 부를 축적한 자산가들이나 안정적인 자금 운용을 추구하는 국민연금기금, 사학연금기금 등의 대형 기관 투자자들이 주로 투자하는 방식이다. 명품이나 대기업 브랜드 등 우량 테넌트가 장기 계약을 체결해서 공실 리스크가 없는 건물, 혹은 명동이나 청담동처럼 시간이 가치를 증명하는 상권의 대로변 건물이 우량 투자의 대상이다. 우량 투자의 경우, 건물 가치가 급격히 떨어질 위험이 적지만 위험이 적은 만큼 수익률도 가장 낮다. 검증된 에이스 투수를 영입할 때와 마찬가지로 높은 가격에서 거래되기 때문에 고금리 시대에는 예금 이자가 더 쏠쏠할 정도다.

둘째는 '가치 부가 투자'다. 미완의 강속구 투수가 변화구만 장착하면 위력적인 투수가 될 수 있듯이, 낮은 가치의 건물을 매입해 용도 변경, 테넌트 교체, 리빌딩rebuilding, 리뉴얼renewal 등을 통해 건물 가치를 올려 되파는 투자 방식이다. 이 투자는 C&W가 자문하는 영역으로, 예컨대 성수동의 공장을 매입해 상업 시설로 바꾸거나 홍대 대로변의 오피스 건물을 매입해 저층부에 브랜드 체험 매장을 유치하는 것이다. 단기 투자에 적합해 여유 자금 없이 소위 '레버리지'로 투자 수익을 극대화할 수 있지만, 트렌드와 맞물리지 않으면 자산 가치가 떨어질 수도 있다. 고수익의 가능성이 있는 만큼 고위험에 노출되는 투자로 공격적인 투자자가 선호하는 방식이다.

마지막은 미래 가치에 승부수를 두는 '기회 투자'다. 제2의 성수동을 꿈꾸며, 발전 가능성이 농후한 상권을 찾아 목 좋은 자리에 있는 낙후 건물에 투자하는 것이다. 당장은 볼품없는 건물일지라도 상권 자체가 뜨면 막대한 시세 차익을 얻을 수 있다. 마치 기대주인 신인 투수가 눈부시게 성장해 국내 프로야구를 뛰어넘어 메이저리그에 등판하는 격이다. 단기 수익을 보장하는 투자 방식은 아니지만, 상대적으로 적은 투자금으로 미래에 큰 이익을 볼 가능성이 있다. 물론 잭폿이 터지기까지 수익이 거의 발생하지 않고, 시간이 흘러도 가치가 상승하지 않을 위험을 배제할 수 없어 여유 자금을 활용한 장기 투자에 적합하다.

02 밸류애드는 무엇이고, 어떻게 실행되는가

자산 가치는 소유주의 깜냥만큼 오른다. 그래서 공부가 필요하다. 다행히 그 공부는 사법고시나 사서삼경을 읽는 것만큼 어렵거나 지루하지 않다. 부지런히 세상 흐름을 읽고 사람들이 무엇을 좋아하는지 관심을 두는 것이 '밸류애드'를 위한 공부의 시작이다. 밸류애드는 상업용 부동산의 자산 가치를 향상해 수익을 극대화하는 투자 전략이다. 흡사 2군에서 힘겹게 버티던 선수에게 투자해 메이저리그 올스타로 키워 내거나 적어도 국내 프로야구를 주름잡는 주요 인물로 만드는 것과 같다. 하이스트리트 생태계에서 밸류애드는 단순 재개발을 넘어 상권 전체의 밸류체인value chain을 변화시키는 촉매제인데 기획자, 운용사, 투자자, 테넌트가 핵심적인 역할을 한다.

전통 상권과 신흥 상권에서는 밸류애드가 다른 양상으로 출현한다. 즉 밸류애드의 주체와 방법에서 그 차이가 꽤 뚜렷하다. 명동, 홍대, 강남으로 집약되는 메가 하이스트리트에서는 글로벌 투자자와 기관 투자자가 주도하는 '캐피털 마켓 드리븐capital market-driven' 밸류애드가 주를 이룬다. 이들은 연 최소 10퍼센트 이상의 내부수익률Internal Rate of Return, IRR을 목표로 단기 수익 실현에 집중한다. 객관적으로 검증할 수 있는 수치화된 데이터가 없으면 대형 펀드사는 협상 테이블에 오르지 않는다.

　　반면 성수, 한남, 도산이 대표하는 네오 하이스트리트에서는 개인 투자자나 중소 브랜드가 주도하는 '인사이트 드리븐insight-driven' 밸류애드가 중심이 된다. 두터운 시장 데이터보다는 문화적 통찰과 트렌드 감각이 투자 결정의 중심축으로 작용하는데, 흡사 타자의 약점을 단번에 간파하는 기민한 투수의 감 같은 것이다. 네오 하이스트리트의 투자사들은 축적된 데이터를 신뢰하기보다 직관이나 기호에 근거해 리테일의 성패를 예측하고, 그 판단에 따라 투자를 실행한다.

　　그렇다면 밸류애드는 어떤 방법을 통해 이루어지는가? 바로 공간 활용을 혁신적으로 전환하는 용도 변경과 건축 설계다. 용도 변경은 밸류애드의 기초적·실질적 방법으로, 사용 승인을 받은 건물을 목적에 따라 다른 용도로 전환하는 것이다. 주택을 근린 생활 시설로, 주차장을 리테일 공간으로, 오피스를 호텔로 변경하는 방식이 대표적이다. 최근에는 팬데믹 이후 공실률이 높아진 오피스 건물을 호텔이나 주거 시설로 전환하는 추세다.

최초의 목적과 다른 공간이 만들어지더라도 최초의 공간을 사람들이 사용하지 않거나 수익이 형편없다면 용도 변경에 적극적으로 나서지 않을 이유가 없다. 리테일 관점에서 용도 변경은 기획자, 투자자, 랜드로드, 테넌트, 소비자 모두에게 이익을 주는 아름다운 행위다. 성적이 안 나오는 내야수를 외야수로, 선발 투수를 마무리 투수로 과감히 전환할 때 경기의 판세가 달라질 수도 있다. 리테일 4.0 시대에는 용도 변경의 창의성이 자산 가치 상승의 변수로 작용한다.

건축 설계는 밸류애드의 물리적·가시적 방법으로, 설계 범위와 규모에 따라 '적극적 밸류애드'와 '소극적 밸류애드'로 분류할 수 있다. 리빌딩은 적극적 밸류애드에, 리뉴얼은 소극적 밸류애드에 속한다. 투자자는 자본 조달 능력, 투자 기간, 목표 수익률에 따라 합리적인 방식을 선택한다. 메가 하이스트리트에서는 주로 리빌딩 방식이 사용되고, 네오 하이스트리트에서는 리뉴얼을 통해 밸류애드가 이루어진다.

리빌딩은 기존 건물을 철거하고 새로 지어 올리는 것이다. 비유하자면 성적이 나오지 않는 야구팀을 해체하고 새로운 선수들로 재구성하는 것이다. 대규모 자본과 시간이 투입되지만, 새로 짓는 과정에서 건폐율과 용적률을 극대화해 자산 가치를 비약적으로 상승시킬 수 있다. 리뉴얼은 기존 건물을 철거하지 않고, 구조체를 유지한 채 내외부의 마감재, 설비 시스템을 교체하거나 보수해 건물의 가치와 이용도를 높이는 것이다. 건물 내외부를 아름답게 꾸미는 효과와 함께 건물의 수명을 연장하고, 기존 건축물의 재평가를 도모하는 창의적 과정이다. 리모델링, 리노베이션, 인테리어가 리뉴얼에 포함된다.

03 메가 하이스트리트의 밸류애드

데이터 기반의 대규모 투자

　메가 하이스트리트에서는 데이터에 기반을 둔 밸류애드가 주를 이룬다. 글로벌 투자자와 자산운용사는 광범위한 시장 데이터, 임대료 추이, 인구통계학적 분석을 바탕으로 투자를 결정한다. '느낌적인 느낌'에 근거한 판단은 이들 사전에 없다. 엑셀 시트에 숫자로 나타나지 않으면 실체가 없는 것이다. 그들은 직감 대신 차가운 숫자와 데이터로 승부한다. 실화를 바탕으로 만든 영화 〈머니볼〉에서 빌리 빈 단장이 선수 스카우팅에 출루율, 장타율, OPS 같은 세밀한 통계 지표를 활용한 것이 비등한 사례다.

　글로벌 투자자와 자산운용사의 목표는 명확하다. 부동산의 잠재적 가치를 최대한 실현해 단기간에 높은 투자 수익을 달성하는 것이다. 그들은 프라임 입지에 있는 노후화된 건물을 현대적 용도로 탈바꿈시켜 임대 수익과 자산 가치를 동시에 높이는 방식을 선호한다. 로또 당첨 확률이나 은행 이자율보다 훨씬 높은 내부수익률 달성을 위해 물불 가리지 않는다.

애플과 같은 초대형 글로벌 브랜드도 하이스트리트의 가치가 데이터로 증명되지 않으면 입지 후보군으로 검토조차 하지 않는다. 그들은 축적된 시간이 보증하는 상권의 역사를 신뢰하고, 보수적인 자본은 이 정통성에 반해 지갑을 연다. 한국의 애플스토어는 복합 상업 시설을 제외하고 단 네 개의 상권에 자리 잡았다. 명동, 홍대, 강남, 그리고 가로수길이다. 가로수길은 애플스토어 1호점이 문을 연 하이스트리트의 대명사였으나 젠트리피케이션과 팬데믹 쇼크로 그 지위가 모호해져 현재 상권계의 뜨거운 감자로 회자되고 있다.

명동: 국민은행 본점의 대변신과
아디다스 플래그십

메가 하이스트리트의 적극적 밸류애드 사례로 명동의 하이드파크를 꼽겠다. 하이드파크는 대형 투자사 안젤로 고든, 운용사 마스턴자산운용, 자문사 C&W가 협력해 애플스토어라는 독보적인 테넌트의 입점을 성공시킨 사례다. 본래 하이드파크에는 국민은행 본점이 자리하고 있었는데, 금융 환경

롯데백화점 본점 맞은편, KB국민은행 본점이 있던 낡은 건물을 허물고 신축한 하이드파크. 1, 2층에는 애플스토어, 3층부터 8층에는 쁨글로벌의원을 비롯한 각종 피부 클리닉과 병의원, 9층부터 18층에는 스탠포드 호텔이 입점한 복합 상업 시설이다.

의 변화로 은행들이 대형 건물을 매각하는 추세 속에서 시장에 매물로 나왔다. 마침 애플은 국내 사업을 확장하며 그들의 브랜드 아이덴티티를 녹여 낼 대형 평수의 매장을 찾고 있었다. 국민은행 본점은 글로벌 브랜드 유치가 가능할 만큼 전략적으로 유용한 자리였다.

    하이드파크를 기획할 당시 C&W는 투자자, 운용사와 함께 건물 입찰권을 따기 위해 구체적인 수익 시나리오를 작성해 실현했다. 우선 오피스에서 복합 상업 시설로 건물의 용도를 변경하는 전략을 수립했다. 건물의 저층부를 애플스토어로, 중층부는 쇼핑몰로(현재 클리닉과 병의원으로 변경되었다), 상층부는 호텔로 구성했다. 시장 변화와 테넌트의 니즈에 맞춰 낡은 건물을 허물고 신축해 최신 디자인의 복합 상업 시설로 재탄생시켰다. 그렇게 애플이라는 테넌트를 유치해 최상위권 임대 수익을 창출하는 중이다.

　명동의 엠플라자는 소극적 밸류애드의 표본이다. 메가 하이 스트리트에서 특징적으로 나타나는 리테일 트렌드는 넓은 면적의 매장이다. 특히 글로벌 브랜드일수록 대형 평수를 원한다. 엠플라자는 기존 쇼핑몰의 콘셉트와 매장 구조를 합리적으로 개편해 한 층 500평 규모의 자라 플래그십을 유치한 사례다(현재는 아이다스가 입점해 있다). 당시 엠플라자는 전형적인 쇼핑몰의 구조였다. 1층에 자라와 포에버21이 운영 중이었고, 매장 한가운데 넓은 로비와 에스컬레이터가 있었다. 한국 최고가 땅값을 자랑하는 명동에서는 상업 부동산의 층별 임대료 차이가 극명하게 나

하이드파크 저층부에 입점한 애플스토어. 브랜드 노출도를 극대화한 공간 디자인이 눈길을 끈다.
ⓒApple

소극적 밸류에드로 최대한의 건물 가치를 뽑아낸 명동 엠플라자.

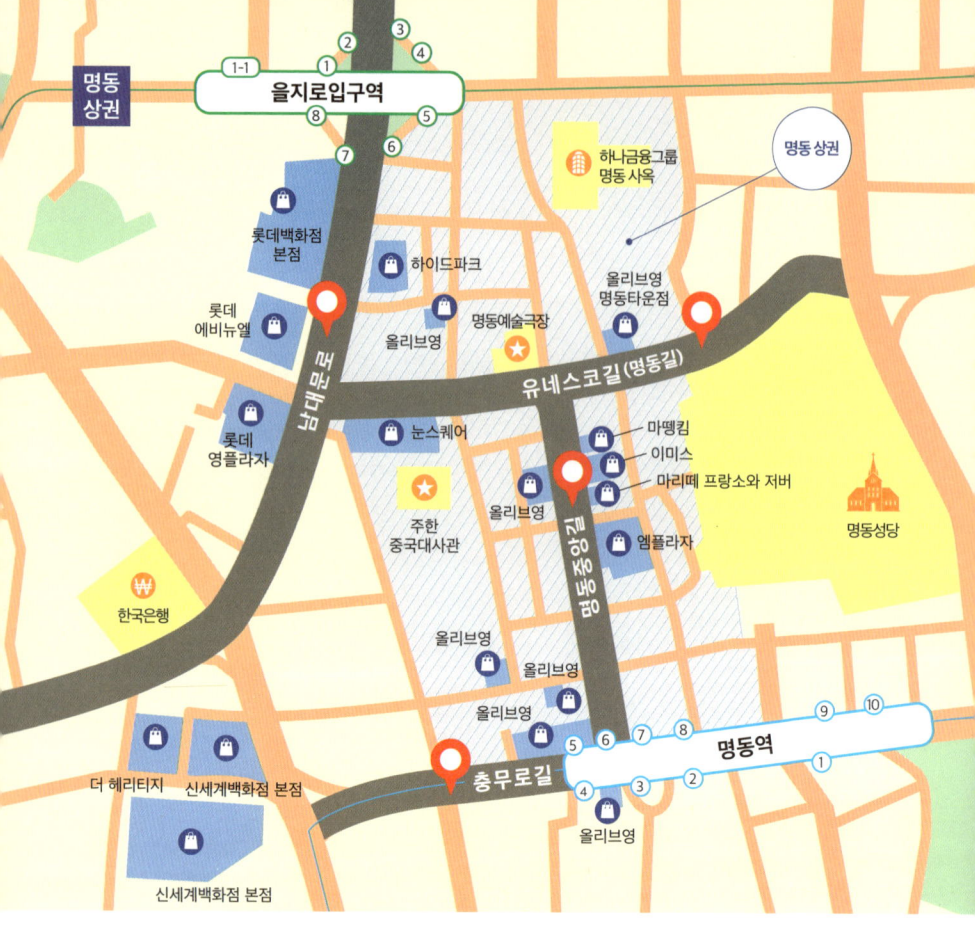

타난다(2층은 1층 임대료의 30퍼센트 수준이다). 임대료의 차이가 의미하는 바는 1층에서 최대한의 건물 가치를 증명해 수익을 올려야 한다는 것이다. 랜드로드와 테넌트가 감내해야 하는 평당 비용과 수익 증대 측면에서 1층 로비는 효율을 낼 수 없는 죽은 공간이었다. 1층 중앙 로비를 과감히 없애고 에스컬레이터 위치도 바꿔 여유 공간을 확보했다. 분리된 매장들을 통합해 하나의 유기적 공간으로 재구성했고, 매장 전면부를 확장해 노출형 파사드

기능을 더했다.

엠플라자의 밸류애드는 대성공이었다. 2008년 미국의 투자은행 리먼 브라더스 파산에서 시작된 글로벌 금융위기가 전 세계를 강타했는데, 엠플라자의 소유주가 다름 아닌 리먼 브라더스였다. 혼란한 양육강식의 세계에서 타인의 비극은 누군가에게는 기쁨이다. 미국의 자산운용사 인베스코는 엠플라자를 약 2,400억에 매입해 밸류애드계에 오래 남을 드라마를 쓴다. C&W의 자문과 함께 기존 자라 매장을 확장하여 명동에서 탄생하기 힘든 대형 플래그십 계약을 체결한 인베스코는 자라의 창업자인 아만시오 오르테가에게 건물의 가치를 인정받는다. 이후 오르테가가 운용하는 스페인 투자회사 폰테가데아는 엠플라자를 인수한다. 매각가는 약 4,200억이었다. 불과 5년 사이 약 75센트의 수익률을 올린 것이다.

홍대: 애플과 카카오프렌즈가 일으킨 현대화의 물결

홍대 애플스토어가 입점한 에이치큐브는 리빌딩이 아닌 리뉴얼 사례지만, 기획 과정은 크게 다르지 않았다. 이 건물은 도이치뱅크 외 다수 투자자가 참여하고 DWS자산운용(옛 도이치자산운용사)과 C&W가 주도한 프로젝트다. 전통적인 영 앤드 트렌디 young & trendy 상권의 중심지였던 홍대는 성장 가능성이 여전히 컸지만, 대로변을 중심으로 포진된 오피스 건물은 쓰임이 합리적이지 못했다. 훗날 애플이 입점할 건물 역시 마찬가지였다.

당시 에이치큐브에는 맥도날드를 포함해 열두 개 업체가 영업 중이었다. 건물을 리뉴얼하고 글로벌 테넌트를 새로 유치하려면 기존 테넌트가 자리를 비워야 한다. 이 프로젝트의 문제는 리뉴얼 이슈에 맞춰 자발적으로 자리를 비우는 테넌트가 없었다는 것이다. 이럴 때 방법은 하나다. 떠나는 이가 섭섭하지 않게 금전적 보상을 하는 것이다. 지난한 협상의 시간을 거쳐 건물을 통합 매입할 수 있었다. 저층부에 애플스토어를, 상층부에는 K클리닉을 입주시키기까지 전 과정이 마냥 아름답지는 않았지만 홍대의 랜드마크로 자리한 것을 보니 직업적 자부심이 일 만큼 뿌듯했다.

홍대 카카오프렌즈 플래그십이 입점한 좋은사람들빌딩의 건물 가치는 약 1,400억이다. 몇 차례 건물주가 변경되며 현재 가치에 이르렀지만, C&W의 자문으로 2016년 인베스코가 이 건물을 인수할 때만 해도 현재 건물 가치 대비 3분의 1수준이었다. 삼성생명이 건물 전체를 사용하며 대로변이라는 위치상의 이점을 살리지 못한 것이 저평가된 원인이었다. 당시 온라인 기반 IT 기업이 우후죽순 성장하며 핵심 상권에 플래그십을 내고자 하는 수요가 적지 않았다. 임장을 나서 보니 홍대 대로변의 작지 않은 건물들이 리테일이 아닌 오피스로 쓰이고 있었다. 대로변을 원하

홍대 대로변에서 가장 눈에 띄는 자리에 위치한 빌딩 저층부에 입점한 애플스토어(오른쪽)는 바로 옆에 위치한 머큐어 엠배서더 호텔과 함께 홍대입구역의 상징이 되었나.

는 브랜드의 수요가 있는 만큼 건물 사용 방식이 아쉬웠다. 부동산 가치는 종종 타이밍이 좌우하는데, 때마침 매물로 나온 삼성생명 동교점을 인베스코가 매수했다. 지하 1층부터 지상 3층까지를 리테일 공간으로 전환해 카카오프렌즈를 유치했다. 상층부는 오피스 공간으로 유지하여 수익 안정성을 확보했다. 건물 용도를 변환해 동일 면적 대비 가치를 크게 향상한 사례다.

강남: 뉴욕제과에서 에잇세컨즈로, 부동산 최고·최유효의 법칙

리테일 부동산의 중요한 원칙 중 하나는 '최고 및 최유효 highest and best use'다. 이는 합법적인 영역에서 부동산의 최대 가치를 창출하는 사용 방식을 의미한다. 내가 실무자로 일할 당시 주도했던 유명 베이커리의 밸류애드 사례를 살펴보면 이해가 쉬울 것이다.

뉴욕제과는 한때 만남의 장소이자 강남역의 랜드마크였다. 그런데 문전성시를 이루던 뉴욕제과가 들어선 건물에는 어떤 연유인지 몰라도 근저당이 잡혀 있었다. 아마도 F&B라는 업종의 수익 구조상 한계가 원인이 아닐까 한다. 지금이야 오프라인

옛 뉴욕제과 건물. 한때 만남의 장소이자 강남의 랜드마크였다. ⓒ네이버지도 거리뷰

노출도가 마케팅 밸류를 갖지만, 당시의 매장은 판매 중심의 실용적 리테일이었고 가게 앞을 서성이는 고객이 실질 고객은 아니었다. 더구나 F&B라는 업종은 일반적으로 제품의 객단가가 낮고 매몰 비용이 높아 마진율이 낮다. 땅값이 비싼 하이스트리트의, 그것도 대로변의 높은 임대료를 감당하기 어려운 게 현실이다. 자산 가치와 수익률을 올리기 위해 뉴욕제과 건물주는 임차 업종을 변경해 패션 브랜드를 입점시킨다(물론 C&W의 자문이 있었다).

현재는 상업 부동산 시장에 물건이 많아 테넌트가 시장을 주도하고 있지만, 당시는 임차 수요가 임대 공급보다 높던 랜드로드 주도의 마켓이었다. 뉴욕제과가 폐점한 자리는 국내 패션 브랜드 에잇세컨즈와 다수의 글로벌 패션 브랜드가 입점을 두고 경쟁했다. 대부분 글로벌 브랜드의 입점을 예상했다. 그러나 글로벌 브랜드의 명성이 무색해지도록 삼성물산이 화끈한 승부수를 던져 3주 만에 입점에 성공해 국내 브랜드의 위상을 강화했다.

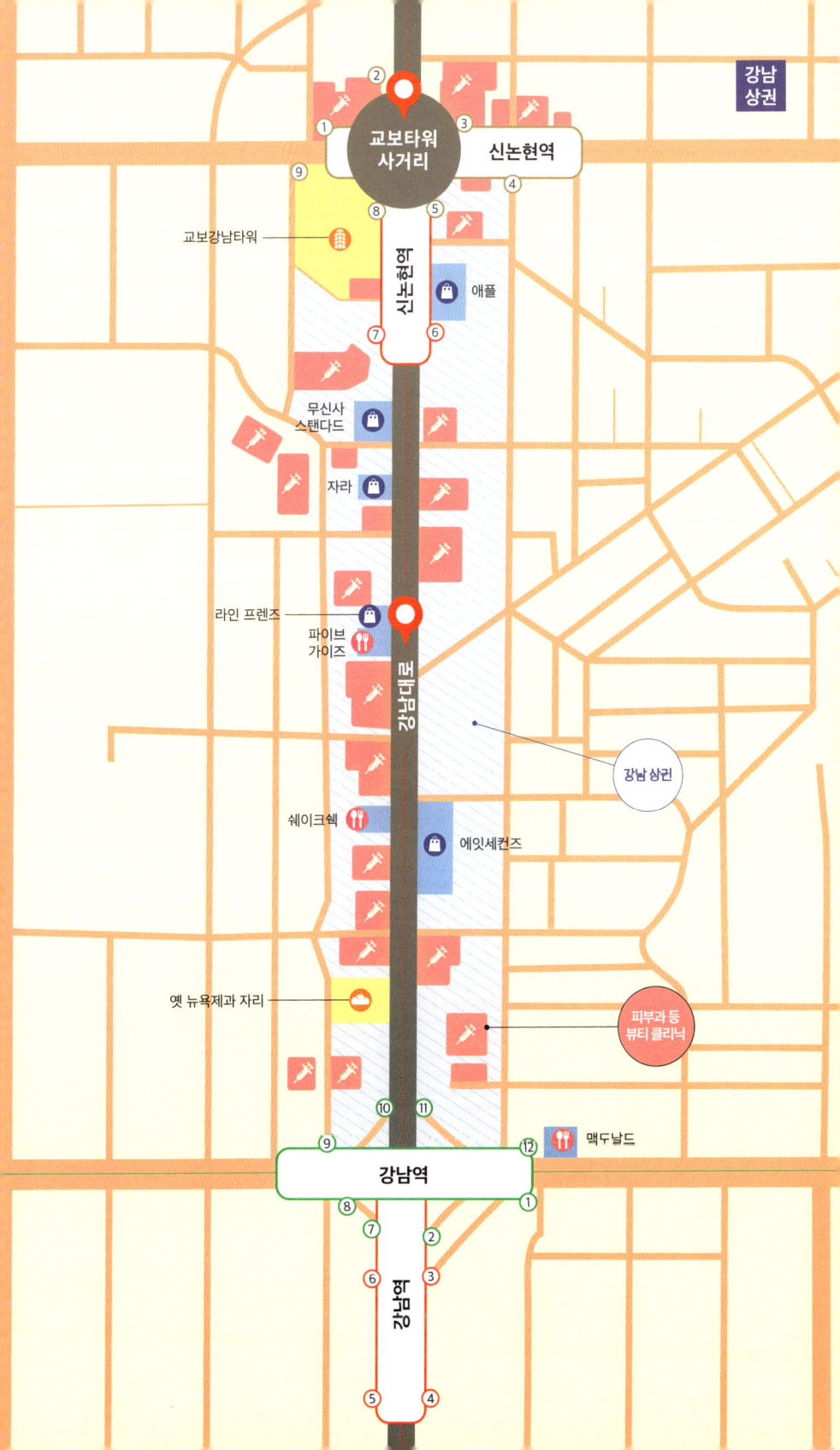

0 4

호텔을 통한 밸류애드 전략

양적 공급을 넘어 질적 변화의 모멘텀에 선 호텔 산업

상업용 부동산의 밸류애드는 시장 수요에 기민하게 반응할 때 구체적인 성과를 낸다. 현재 상업 시설의 가치를 높이는 최대 및 최유효 전략의 키 테넌트^{key tenant}는 호텔이다. 호텔의 수요가 공급을 압도하기 때문이다. 팬데믹 이후 회복세에 접어든 관광업의 수요가 이를 방증한다. 2024년 방한 외국인 관광객은 1,637만 명을 기록해 2019년 대비 93.5퍼센트 수준까지 회복했고, 특히 서울을 방문하는 비중이 79.1퍼센트에 달한다. 이 와중에 2023년 서울 호텔 객실 공급량이 2012년 이후 최초로 1,700실 감소했다. 2012년 관광 숙박 시설 확충 특별법 시행 이후 지속된 공급 확장세가 마침내 꺾인 것이다. 관광 산업의 성장이 이어지면, 2026년부터 관광객 수요 초과로 호텔 수급의 불균형이 본격화될 것이다. C&W 시장 조사에 근거해 향후 5년간 호텔 공급량이 약 2,200실에 그칠 것으로 예상하는데, 내외국인 호텔 수요는 코로나 이전 수준을 상회한다. 성수기 시즌에는 체감적 객실 부족 현상이 심화해 게스트하우스, 에어비앤비, 코리빙하우스 등 대체 숙박 시설의 성장을 가속하는 요인이 될 것이다.

근래 상업 시설의 기획자는 호텔을 수단으로 한 밸류애드에 적극적이다. 글로벌 브랜드가 입점한 건물 상층부에 호텔을 유치해 새로운 수익의 판로를 개척하고 있는데, 대표 사례는 엠플라자의 솔라리아 니시테츠 호텔과 하이드파크의 스탠포드 호텔이다. 저층부에 입점한 아디다스 플래그십의 세련된 이미지를 흡수한 니시테츠 호텔은 동서양 외국인 관광객을 타깃으로 한다. 스탠포드 호텔은 K클리닉과 K브랜드 쇼핑을 위해 명동을 찾는 외국인 관광객을 주 고객으로 확보해 운영 내실을 잡아 가고 있다.

또한 오피스 건물에 어메니티^{amenity}(생활 편의 시설)를 결합해 새로운 서비스를 제공하는 비즈니스 모델도 부동산 가치 상승에 기여한다. '오피스 어메니티' 모델은 리테일뿐 아니라 다양한 서비스와 부대시설을 제공하는데, 주로 대형 호텔 체인이 외주로 운영을 맡아 서비스 전반을 관리한다. 국내에서는 센트로폴리스와 그랜드센트럴이 오피스 어메니티 모델의 대표 사례로 꼽힌다. 센트로폴리스는 서울 종로구 공평동에 있는 대형 프라임 오

명동중앙길 한복판에 위치한 엠플라자 내에 들어선 솔라리아 니시테츠 호텔은 저층부에 위치한 브랜드들과 시너지 효과를 낸다.

피스 빌딩으로 1조 1,200억 원이라는 상업 부동산계의 최고 거래액을 기록한 바 있다. 입주사 전용 이그제큐티브 라운지, 컨퍼런스룸, 피트니스센터, 수면실, 샤워실 등 호텔식 컨시어지 서비스를 제공하는데, 전문 호텔업체인 해비치호텔앤드리조트가 위탁 운영한다. 중구 세종대로에 있는 그랜드센트럴은 업무, 휴식, 쇼핑, 문화생활이 한 곳에서 가능한 프라임 복합 오피스 빌딩이다. 친환경 설계, 첨단 스마트 시스템, 다양한 편의 시설을 갖추고 있어 비즈니스와 라이프스타일 트렌드를 결합한 공간으로 주목받았다. 센트로폴리스와 마찬가지로 테넌트 전용 어메니티를 제공한다. 이해 더해 5성급 호텔 수준의 로비와 프리미엄 발레파킹 서비스, 스마트 빌딩 시스템, 쾌적한 그린 라운지로 서비스를 카테고리를 차별화해 입점한 임직원의 사용 만족도가 매우 높다고 한다.

　호텔이 부동산 시장에서 주목받는 이유는 그 기능이 숙박에 머물지 않기 때문이다. 호텔은 급변하는 시장 환경 속에서 숙박 시설을 넘어 다양한 부가 가치를 창출하는 복합 공간으로 진화하고 있다. 전통적인 호텔에서 벗어나 차별화된 경험과 서비스를 제공하는 것은 호텔 산업의 새로운 성장 레버다. 서울의 호텔 시장이 양적 성장에서 질적 성장으로 전환되는 데는 관광객의 변화가 있다. 2024년 한국을 방문한 외국인 관광객의 국적을 살펴보면, 중국인 관광객이 460만 명으로 여전히 최대 비중을 차지하지만 2019년 602만 명 대비 76.4퍼센트 수준에 그친다. 반면 미국인 관광객 비중은 6.0퍼센트에서 8.1퍼센트로 확대되고 있다. 미국인 관광객은 일반적으로 중국인 관광객 대비 체류 기간이 길고, 1인당 지출액이 높으며, 프리미엄 호텔과 고급 서비스에 대한 니즈가 강하다.

관광객의 질적 변화로 호텔 시장의 체질 개선이 가시화되고 있다. 기존의 표준화된 호텔에서 벗어나 새로운 경험과 호스피털리티 hospitality를 제공하는 방향으로 산업이 재편되는 것이다. 이 변화는 경험 소비에 익숙해진 소비자의 니즈, 외국인 관광객 증가, 팬데믹 이후 여행 산업의 회복세와 맞물려 가속화되고 있다.

종각역 바로 앞에 있는 대형 프라임 오피스 빌딩 센트로폴리스는 1조 1,200억 원이라는 상업 부동산계 최고가로 거래되었다. ⓒCentropolis

환대는 본질적으로 '시적인 행위'라고 프랑스의 현대 철학자 자크 데리다는 말했다. 시적인 행위는 인간의 감성을 움직이고, 인간적 서비스의 본질은 아마도 환대에 있을 것이다. 그렇다면 서비스업의 대명사인 호텔의 본질은 감성적 환대에 있지 않을까. 이 모델은 호텔의 서비스 가치를 극대화해 고객과의 감성적 유대를 구축하고, 기억 속에 각인될 공간 아이덴티티를 만드는 데 초점을 맞춘다. 주로 부티크 호텔, 라이프스타일 호텔, 리조트 호텔에서 호스피털리티 모델을 채택한다.

부티크 호텔은 규모는 작지만 독특하고 개성 있는 건축 디자인, 인테리어, 운영 콘셉트, 서비스 등으로 전통적 로컬 호텔이나 대형 호텔과 구별되는 호텔이다. 부티크 호텔의 중요한 특징은 하드웨어적 측면, 즉 물리적 독창성에 집중하는 점이다. 특색 있는 외관과 차별화된 테마로, 대형 체인과 달리 독립적으로 운영되며 고유한 브랜드 성제성을 지닌다. 서울의 주요 부티크 호텔은 레스케이프 호텔, 임피리얼 팰리스 부티크 호텔 등이 있다.

라이프스타일 호텔은 건물의 하드웨어적 신박함에 더해 소프트웨어적 콘텐츠를 다각화한 호텔이다. 부대시설과 운영 프로그램을 중시하고 방문 고객의 사교와 커뮤니티 공간을 제공한다. 호텔이 위치한 지역의 특색을 반영해 어메니티 프로그램을 만드는데, 주로 젊은 세대와 예술, 문화 창작 활동을 하는 사람들을 타깃으로 한다. L7, 안다즈 서울 강남, 라이즈 오토그래프 컬렉션 등이 서울의 대표적 라이프스타일 호텔이다.

리조트 호텔은 종합적인 휴양과 엔터테인먼트 경험을 선사한다. 부지가 넓고, 다양한 부대시설과 대규모 공간에 카지노, 수영장, 스파, 놀이 시설 등 종합 엔터테인먼트 시설을 운영한다. 장기 체류에 최적화되어 가족 단위 고객들이 즐겨 이용할 수 있는 시설을 보유하고 있다. 서울에는 주로 대형 호텔 체인이 리조트 호텔을 운영하는데 그랜드 하얏트 서울, 포시즌스 호텔 서울, 시그니엘 서울 등을 꼽을 수 있다. 교외의 파라다이스시티, 파크로쉬 리조트앤웰니스, 웨스틴 조선 부산 등도 서울 대비 압도적인 규모를 자랑하는 리조트 호텔이다.

05 네오 하이스트리트의 밸류애드

문화 감수성 기반의 정보 창발

정통성이 없는 상권에는 화제성이 있고, 화제성이 없는 상권에는 정통성이 있다. 정통성이 있는 상권은 각계각층의 대중을 포용하고, 화제성이 있는 상권은 낯선 문화를 기꺼이 수용하며 트렌드의 척후병이 되어 새로운 문화를 창출한다. 정통성과 화제성이 공존할 수 없는 성격은 아니지만, 그렇다고 공존하기 쉬운 성격도 아닌 것 같다.

네오 하이스트리트의 밸류애드는 문화적 통찰, 트렌드 감각, 호기로운 도전, 탐미적 기호에 기반을 둔다. 네오 하이스트리트에 입점한 브랜드 플래그십은 단순히 '어디에 있는가'가 아니라 '어떻게 있는가'에 힘을 싣는다. 시간(현대성), 공간(화제성), 브랜드의 가치(독자성)라는 삼박자가 유기적으로 얽혀 새로운 차원의 리테일 경험을 만든다.

개인 투자자나 신생 브랜드가 주도하는 네오 하이스트리트의 밸류애드는 대규모 데이터 분석보다는 직관과 창의를 중시한다. 야구로 비유하자면 과학적 데이터 분석보다 스카우터의 혜안을 믿고 선수를 기용하는 구단이다. '저 선수, 뭔가 다르다'는 직감에 근거해 과감한 승부수를 던지는 것이다. 그들에게는 엑셀 시트보다 인스타그램 피드가 레퍼런스의 우선순위에 있다. 수치화할 수 있는 자료보다 계량화하기 까다로운 '감각'이라는 심미적인 질서를 신뢰한다. '같음'보다는 '차이'를 통해 혜안의 탁월함을 부각하는데, 이는 곧 브랜드 아이덴티티로 여겨진다.

차이를 통해 브랜드 아이덴티티를 부각하는 방식은 특정 집단의 구성원이 외집단과 차별된 특성을 강조하며 정체성을 확립하는 사회 정체성 형성 과정과 거의 같다. 철학자 악셀 호네트^{Axel Honneth}가 강조하듯, 차이로 배제된 집단이 인정받기 위해 투쟁하면서 그만의 독특한 정체성을 형성하는 것이다.

성수: '힙'의 정서를 만들고 만들어 가는 브랜드 공간

나이키, 아디다스, 명품을 비롯한 대형 브랜드는 전통 상권에 기존의 매뉴얼로 매장을 냈을 때 구태의연해지는 리테일 효과를 학습했다. 새로운 매장을 내는 행위가 더는 화제가 되지 않는다는 것도 배웠다. 자기 복제에 가까운 신규 매장의 효용이 다한 시대인 것이다. 기성 소비자가 아닌 Z세대, 알파세대라는 새로운 소비자를 끌어들이기 위해서는 브랜드 이미지 쇄신 전략이 필요하다는 것을 깨달았다. 요즘은 모든 브랜드가 전통 상권보다 신생 상권인 네오 하이스트리트 입점에 열을 올린다. 이 현상은 성수, 한남, 도산의 상권 색깔과 영향력이 메가 하이스트리트의 그것을 넘어섰다는 것을 의미할 수도 있다.

성수는 디올 성수를 기점으로 하이스트리트 대열에 올랐다. 디올 성수가 성수동 리테일 시장의 전과 후를 나눌 정도다. 디올 부지의 전신은 동네 주차장이다. 상업 시설이 제대로 갖춰진 구역에 자리를 찾은 것이 아니라, 지대 용도를 변경한 후 임시 건물을 지어 올린 케이스다. 디올 성수가 정식 플래그십이 아니라 팝업으로 기획된 공간이기에 가능한 일이었다. 1946년 크리스티앙 디오르가 최초로 만든 파리 몽테뉴가 30번지의 디올 하우스를 재현한 디올 성수의 건축물은 SNS 업로드용 사진의 필수 스폿이 되었다.

아디다스 오리지널스 성수 플래그십은 엄밀히 말하자면 소극적 밸류애드의 사례다. 건축법상으로 신축이 아닌 증축에 해당하는 건물이기 때문이다. 세 개의 덩어리로 나뉜 공장을 대수선해 기존 하이스트리트의 플래그십과 차별된 '성수화'된 플래그십을 만들었다. 아디다스 오리지널스 성수 플래그십의 최초 기획은 패션, 예술, 체험이 어우러진 복합 공간이었다. 성수의 상징인

성수의 상권은 디올 성수가 들어서기 전과 후로 나뉜다.

조적조 벽돌과 철골 프레임으로 성수만의 인더스트리얼 무드를 표현했다. 스트리트 컬처를 대변하는 통창의 그래피티, 세계 최초로 판매한 성수 에디션, 퍼포먼스 라인이 아닌 오리지널 라인 제품을 구비해 개점 첫날부터 아디다스 마니아들이 오픈런 사태를 만들기도 했다. 3층으로 구성된 매장은 층마다 독립적인 콘셉트를 보유한다. 론치 존, 스테이트먼트 존, 시티 숍을 비롯해 개인 맞춤형 티셔츠 디자인을 제공하는 서비스 공간인 메이드 포 유Made for You로 좋은 반응을 얻고 있다.

성수 하면 빠질 수 없는 대림창고도 소극적 밸류애드의 모범 사례다. 대림창고는 1970년대 초에 정미소로 지어졌는데, 1990년대에는 공장 부자재를 보관하는 창고로 사용되었다. 2011년 리모델링을 거쳐 샤넬, 버버리, 코치, 앱솔루트 보드카, 커스텀멜로우, 어반디케이, BMW 미니 등 글로벌 브랜드의 행사장으로 사용되며 명성을 얻었다. 오래된 공장의 외관과 분위기를 보존하면서도 내부를 현대적 리테일 공간으로 재구성한 대림창고는 건물의 역사성과 투박한 매력을 유지하면서도 상업적 기능을 최대로 끌어올려 실용성을 더했다. 인스타그램에 올릴 만한 공간 연출로 젊은 소비자들의 발길을 끌었고, 지금은 편집숍 '무신사 스토어 성수@대림창고'로 사용되고 있다. '무진장 신발 사진이 많은 곳'이라는 뜻을 가진 무신사는 2001년 온라인 패션 커뮤니티로 출발했다. 포털 사이트에 신발과 스트리트 패션 사진을 공유하며 트렌드에 민감한 2030 남성 위주의 충성 고객을 확보했다.

성수의 상징인 조적조 벽돌과 스트리트 컬처를 대변하는 통창 그래피티가 눈에 띄는 아디다스 오리지널스 성수 플래그십.

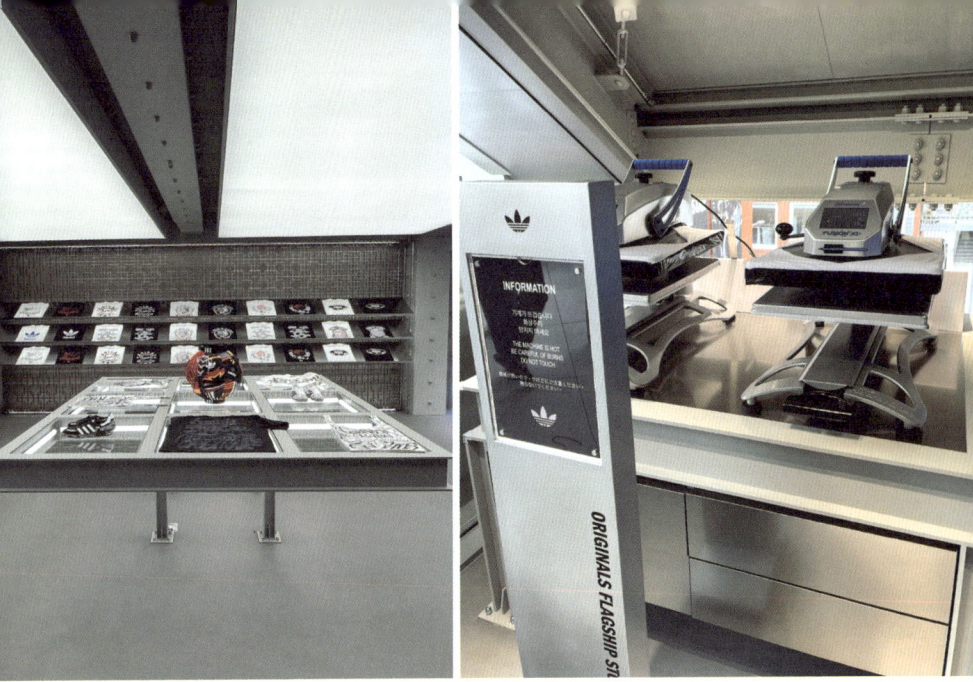

매장에 진열된 아디다스 오리지널스 성수 에디션 제품과 티셔츠 커스터마이징 공간.

현재 연매출 1조를 초과 달성한 국내 제일 패션 플랫폼으로 군림하고 있다.

한남: 주거에서 하이엔드 패션 플래그십으로, 르메르와 메종 마르지엘라

한남의 르메르 플래그십과 메종 마르지엘라 플래그십은 소극적 밸류애드의 정점을 보여 준다. 주거에서 리테일로 용도를 변경한 후 리모델링을 통해 한남의 정서를 대표하는 플래그십으로 존재감을 과시 중이다. 작지 않은 마당을

품은 전통적인 양옥의 소유주는 현대카드 정태영 부회장이다. 프랑스 패션 브랜드 르메르가 국내에 처음 선보인 이 플래그십은 건물의 역사와 브랜드 정체성이 절묘하게 융합되어 한남의 클래식 정서가 짙은 공간을 만들었다.

1970년대에 지어진 약 70평 규모의 2층 단독 주택은 대로 이면의 골목에 늘어선 노후 주택 중 하나였다. 르메르는 기존 건물의 구조와 축적된 시간의 결을 존중하면서 현대적 감성이 충만한 공간으로 재탄생시켰다. 거주를 위한 기능적 공간이 르메르 입점을 통해 '진정한 멋은 환상이 아닌 일상에 있다'는 브랜드 신념이 구현된 쇼룸으로 전환된 것이다. 르메르 플래그십은 브랜드 정체성과 지역성이 유기적 조화를 이루었다는 점에서 주목할 만하다. 르메르의 공동 크리에이티브 디렉터인 크리스토프 르메르와 사라린 트란$^{Sarah\text{-}Linh\ Tran}$은 한남 플래그십을 두고 "주택과 부티크의 경계를 허무는 '집'이라는 공간에, 일상생활을 풍요롭게 하는 르메르 컬렉션을 조화롭게 보여 준다"라며 호평한 바 있다.

메종 마르지엘라의 한남동 플래그십은 르메르 플래그십과 동일한 밸류애드 유형이자, 브랜드의 실험 정신이 공간으로 확장된 사례다. 메종 마르지엘라는 오래된 단독 주택을 88평 규모의 상업 기능을 가진 독립 건물로 재해석했다. '부적절한 것을 적절하게 활용한다'는 브랜드의 핵심 철학에 따라, 건물의 낡은 요소들을 의도적으로 보존해 현대적 감각을 더했다. 건물 외관의 일정

(위)   자연광이 쏟아져 들어오는 매장 곳곳에 '집'을 연상케 하는 요소들을 채운 르메르 플래그십 스토어. ⓒLemaire

(아래) 건물 뼈대와 곳곳의 낡은 요소를 보존하면도 현대적인 인테리어를 보여 주는 메종 마르지엘라 플래그십 스토어. ⓒMaison Margiela

노후한 2층짜리 단독 주택을 쇼룸으로 리노베이션한 르메르 한남 플래그십.

한남동 주택가 골목에 나란히 위치한 메종 마르지엘라와 르메르의 플래그십 스토어.

한남 플래그십 스토어에서만 판매하는 메종 마르지엘라의 타비 케이크.

부분을 과감히 개방하면서도 건축 뼈대는 남겼다. 메종 마르지엘라의 '해체와 재구성'이라는 디자인 언어가 적용된 것이다. 기능적 리모델링을 넘어 낙후한 공간에 새로운 의미를 부여하는 것, 그 창의적 재해석이 네오 하이스트리트 밸류애드의 핵심이기도 하다.

한남 플래그십의 또 다른 특징

은 독일 베를린의 유명 커피 브랜드인 보난자커피와 협업해 만든 커뮤니케이션 공간, 즉 카페다. 한남 플래그십에서만 경험할 수 있는 보난자의 스페셜티 원두와 타비 슈즈 발자국 모양 케이크가 인기 상품이다.

도산: F&B 부지의 과감한 전향, 젠틀몬스터 하우스 도산

젠틀몬스터 하우스 도산은 리테일과 예술의 경계를 허문 미래형 플래그십의 선구적 모델이다. 이 플래그십의 전신은 퀸마마마켓이다. 이 건물의 원 소유자였던 패션 디자이너 강진영, 윤한희가 2015년 퀸마마마켓을 오픈해 직접 운영하면서 알려졌는데, 2021년 젠틀몬스터가 입주해 도산 상권의 랜드마크가 되었다. 이 플래그십의 정식 명칭은 '아이아이컴바인드 하우스 도산'이지만 세간에는 젠틀몬스터 하우스 도산으로 알려졌다. 하우스 도산은 리뉴얼, 즉 내외부 리모델링을 통해 퀸마마마켓 때와는 전혀 다른 공간으로 변신했다.

지하 1층부터 지상 4층으로 구성된 하우스 도산은 층별로 콘텐츠를 다각화해 상업 공간이 아니라 흡사 갤러리에 온 듯한 느낌을 준다. 디저트 브랜드 누데이크가 입점한 지하 1층에서 독창적인 디자인의 디저트와 음료를 맛볼 수 있고, 지상 1층과 1.5층은 젠틀몬스터의 쇼룸으로 안경과 선글라스를 시착할 수 있다.

아이아이컴바인드 하우스 도산.

3층에서는 젠틀몬스터 로봇 랩이 제작한 육족 보행 로봇 '더 프로브THE PROBE'를 만날 수 있고, 4층에서는 탬버린즈의 향수, 스킨케어 제품을 체험할 수 있다.

    하우스 도산의 하드웨어는 단순하고 묵직한데 화려하다. 투명한 유리와 미니멀한 콘크리트 구조로 현대적 감각의 파사드를 완성했고, 층고를 높이고 벽체를 과감히 제거해 개방감을 살렸다. 브랜드가 추구하는 미래지향적 분위기와 미니멀한 디자인 철학이 건물 전체를 관통하며 일관된 미학적 경험을 선사한다.

(위) 하우스 도산의 젠틀몬스터 쇼룸.
(아래) 카페 누데이크. ©Gentle Monster, Nudake

젠틀몬스터는 브랜드의 예술적 지향에 기술 혁신을 융합해 경험 소비라는 리테일 트렌드를 만드는 데 기여했다. 하우스 도산은 공간의 변화를 넘어 도산공원 일대의 문화적·상업적 지형을 재편하는 정촉매가 되어 미래형 리테일을 선도하고 있다. 그들의 공간 혁신은 도산공원 일대 부동산 시장을 변화시키기도 했다.

2024년 9월, 테넌트였던 젠틀몬스터는 브랜드의 영혼이 스며든 건물을 온전히 소유하기로 한다. 매입가는 놀라웠다. 대지 평단가 3억 5,000만 원이라는 지대는 브랜드 부동산brand real estate 개념의 모범 사례로 볼 수 있다. 젠틀몬스터의 모기업인 ㈜아이아이컴바인드는 이 거래에 앞서 2023년 11월과 2024년 3월, 도산공원 맞은편의 두 필지를 매입하기도 했다. 당시 대지 평단가는 2억 8,000만 원대로 도산 상권 최고가였다. 과감하다고 평가할 수밖에 없는 플렉스형 매입은 도산공원 일대를 브랜드 영역으로 확장하려는 일관된 전략이 아닐까 한다.

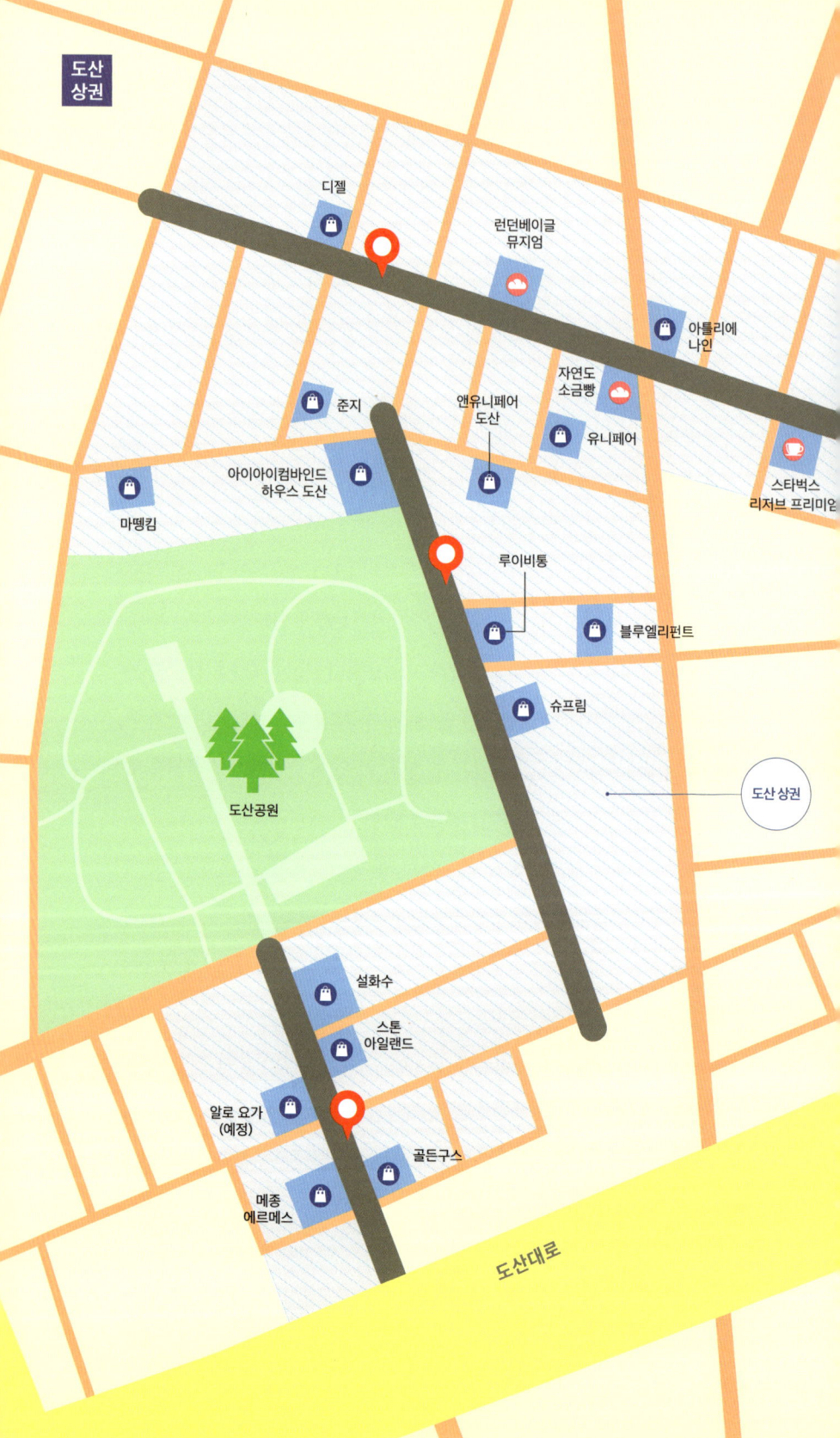

기관 투자자와
개인 자산가 사이에서 균형 잡기

스타로드자산운용(주) 이혜원 대표이사

부동산 전문 자산운용사인 스타로드자산운용(주)의 이혜원 대표는 부동산 리테일 분야에서 오랜 경력을 쌓은 전문가다. 취업 시장이 얼어붙었던 금융 위기 직후에 '200 대 1'의 취업 경쟁률을 뚫고, 외국계 부동산 서비스 회사 세빌스코리아에서 커리어를 시작했다. 이후 베스타스자산운용, C&W에서 실무 경험을 쌓았다. 서울파이낸스센터 임대 자문, 광화문 더케이트윈타워·명동 청휘빌딩 매입 자문, 명동 국민은행 개발 프로젝트 등 다양한 리테일 프로젝트의 주역으로 활약하며 F&B 개발 유치, 자산 관리asset management, 매입·매각 분야의 전문성을 획득했다. 파죽지세로 큰 거래를 연일 성사해 상업 부동산계의 '잔 다르크'라 불렸다.

2019년 스타로드자산운용을 설립하고, 싱가포르투자청GIC, 골드만삭스 등 까다롭기로 유명한 외국계 투자자들과의 협업 프로젝트를 성공으로 이끌었다. 이 대표의 성공 요인 중 하나는 기관 투자자와 개인 투자자 간의 뚜렷한 차이를 정확히 인지하고, 맞춤화된 전략을 구현한 것이다.

중소형 자산운용사는 주로 시장에서 저평가된 자산을 발굴하는 데 집중한다. 자본력의 한계로 대형 투자사들과 같은 시장에서 경쟁하기 어렵고, 규모가 작은 만큼 의사결정 과정이 유연해 대형 자본이 간과하는 틈새 기회를 빠르게 잡을 수 있기 때문이다. 또한 전문적인 지역 지식, 특정 산업과 문화에 대한 이해를 바탕으로 대형 자본이 발견하지 못한 가치를 식별하는 것이 중소형 자산운용사의 날 선 무기다. 스타로드자산운용도 아직 시장에서 주목받지 못한 숨겨진 보석을 찾는 데 집중한다. 시장의 비효율성을 활용해 초과 수익을 창출하는 것을 목표로 하는 것이다.

기관 투자자는 엄격한 데이터 분석과 정량적 지표에 의존하는 의사결정 체계를 갖고 있다. 부동산의 잠재력이나 미래 가치가 데이터로 검증되지 못하면 투자 판단의 근거로 삼지 않는다. 축적된 연금이나 보험금으로 투자 수익을 내야 하는 기관은 구조상의 제약으로 리스크 관리와 안정성에 우선순위를 둘 수밖에 없다. 직관이나 '감'에 근거한 투자는 이루어지지 않는다. 내부수익률을 최소 4.5~5.0퍼센트로 잡고, 시간이 곧 돈이라 생각해 단기 수익에 집중한다. 반면 개인 투자자는 3.5~3.8퍼센트라는 상대적으로 낮은 수익률에도 투자를 감행한다. 그들에게는 '토지 가치가 상승해 나중에 비싸게 팔 수 있을 것'이라는 장기적 전망과 기대가 있다. 이러한 이유로 보수적 자본인 기관 투자자는 메가 하이스트리트에, 개방적 자본인 개인 투자자는 네오 하이스트리트에 주로 투자한다.

중소형 자산운용사의 가장 큰 도전 중 하나는 감이나 직관으로 파악되는 정성적 가치를 데이터로 만들어 기관 투자자들이 이해할 수 있는 언어로 변환하는 것이다. 대중의 관심도, 지역 발전 가능성, 문화적 트렌드 변화는 단기적인 현금 흐름 분석이나 비교 시가 분석으로는 충분히 간파되지 않는다.

이 대표는 초기 성장 단계의 상권을 기관 투자자에게 설득하는 일이 가장 어렵다고 말한다. 그는 2019년에 성수의 장밋빛 미래를 확신했다. 기관 투자자들에게 수차례 성수에 투자하기를 제안했지만 불발되기 일쑤였다. 그들에게 데이터로 증명할 수 없는 확신은 열정적인 소신이나 맹목적인 믿음이었다. 특히 싱가포르투자청에 아크로 서울포레스트 오피스 투자를 제안할 때, 기관 투자자가 가진 기계적인 원칙의 벽을 절실히 느꼈다. 몇 년의 시간이 흘러 그의 예측은 정확히 맞아떨어졌다는 것이 밝혀졌다.

"데이터 분석의 엄격함과 시장 통찰력을 균형 있게 견합하는 것이 제 직업의 핵심 과제라 생각합니다." 이 대표는 상업 부동산 투자를 자문하는 일은 설득의 예술에 가깝다고 말한다. 데이터만으로 설명하기 어려운 감각과 트렌드를 익히고, 끊임없이 변화하는 소비자 행동 패턴을 민감하게 인지해 정량화해야 하기 때문이다. 오늘날 부동산 투자 시장의 승자는 철저한 분석과 예리한 감각을 융합할 수 있는 이들이 될 것이다.

2장

앵커

발길과 마음을 잇는
연결의 닻

ANCHOR

현대 소비자들은 내면적 가치와 일치하는 공간을 본능적으로 선호한다.

01 변화하는 리테일과 앵커의 진화

　앵커란 무엇일까? 사전적 의미로는 '닻'을 뜻하지만, 리테일 업계에서 앵커는 '사람을 끌어들이고 불러 모으는 물질적·비물질적 자원'을 의미한다. 사람들이 어우러져 활기 넘치는 풍경을 만드는 상권에는 특정한 흡인 요소가 있다. 두산의 김택연이나 롯데의 박세웅, 메이저리그의 폴 스킨스나 타릭 스쿠발 같은 스타 투수가 등판하는 날에 경기장이 만원사례를 이루는 것처럼 말이다. 앵커는 소비자 경험을 좌우하는 상권의 핵심 요소로 비즈니스 생태계의 경쟁 우위를 종종 결정짓는다.

　앵커의 순기능은 트래픽을 만들어 상권에 활기를 부여하는 것이다. 이런 맥락에서 앵커는 테넌트보다 랜드로드 관점에서 유의미하다. 랜드로드는 건물의 가치를 올려 수익을 창출하는 것을 최종 목표로 한다. 트래픽은 상권과 건물 가치를 올리는 토대이자 젖줄이다. 목표를 달성하기 위한 전략적 자산으로서 앵커의 중요성은 테넌트보다 랜드로드에게 상대적으로 절실하다.

지난 20여 년간 오프라인 리테일의 기능은 제품 판매에서 '체험'과 '경험'을 제공하는 콘텐츠 중심의 커뮤니케이션 공간으로 변화했다. 그렇다면 리테일 업계에서 말하는 체험과 경험의 차이는 무엇인가? 브랜드 전략 전문가인 강민호 마케터는《브랜드가 되어간다는 것》에서 "체험은 고객에게 정보를 제공하고, 경험은 정서를 불러일으킨다"라고 말한다. 브랜드 커뮤니케이터이자 국내 팝업 시장의 선구자인 프로젝트 렌트 최원석 대표는《결국, 오프라인》에서 "물질 과잉 시대의 유효한 마케팅은 소비자의 인식을 점유하는 데 있고, 성공적인 브랜딩은 소비자의 마음에 이미지를 남기는 것"이라고 강조한다. 체험과 경험은 글자 하나가 달라 얼핏 보면 비슷한 뜻을 가진 단어 같지만, 나는 두 단어의 미묘한 차이에서 리테일의 미래를 가늠한다.

체험형 리테일은 고객이 상품이나 서비스를 직접 겪어 보고 구매 여부를 판단하는 데 기여하는 기능형 쇼룸에 가깝다. 요즘은 일상에 필요한 모든 제품을 오프라인보다 온라인에서 구매한다. 그중 안마의자, 침대 매트리스, 고성능 스피커를 비롯한 전자 제품은 소비자의 제품 관여도가 높은 품목이다. 소비자 관여도가 높은 제품의 브랜드들은 고객의 '제품 체험'을 활성화하기 위해 체험형 리테일을 만들었다. 그 후 체험형 쇼룸보다 진화한 커뮤니케이션 공간 모델이 소비자들의 호응을 얻었는데, 바로 경험형 리테일이다.

리테일 설계자는 고객이 그 공간에서 새롭고 특별한 경험을 하기 원한다. 마음이 동하는 경험은 브랜드 로열티로 이어지기 때문이다. 《포천》이 선정한 경영인들의 구루 조지프 파인Joseph Pine은 "21세기 리테일의 핵심은 제품이 아니라 경험"이라고 강조했고, 사회학자이자 비평가인 앙리 르페브르는 《공간의 생산》에서 "공간 개념은 정신적인 것과 문화적인 것, 사회적인 것, 역사적인 것을 연결한다"라고 말했다. 이제 사람들은 그 공간에서만 확신할 수 있는 연결감을 경험하기 위해 리테일을 찾는다. 대이커머스 시대의 리테일은 인간적 연결을 위한 플랫폼으로 기능하는 것이다.

리테일의 기능 변화와 함께 앵커 테넌트anchor tenant의 개념도 발전했다. 전통적으로 앵커 테넌트란 대형 면적을 차지하며 안정적인 임대료를 내는 주요 테넌트를 의미했다. 그러나 오늘날에는 방문객들을 끌어모으는 자원 모두가 앵커가 될 수 있다고 생각한다. 그러면 명동의 앵커는 다양한 콘텐츠를 가진 노점이, 성수의 앵커는 변화무쌍한 콘텐츠를 생성하는 팝업이 될 수 있다. 또한 사람을 끌어모으는 것은 사람이기에 명동의 앵커는 다양한 국적의 외국인이, 성수의 앵커는 거리를 메우는 개성 강한 Z세대가 될 수 있다.

앵커 1.0:
전통적 판매 중심 시대

2000년대 초반, 온라인 쇼핑이 활성화되기 전 리테일은 제품 판매와 재화의 교환을 위해 존재했다. 이 시기의 앵커 테넌트는 강력한 교섭력을 가진 대형 유통 업체인 백화점이었다. 특히 롯데백화점 잠실점, 신세계백화점 강남점, 현대백화점 압구정점은 유통의 절대 권력으로 이 점포들에 입점하는 것이 브랜드(특히 패션)에게는 성공이 보장되는 무대에 올라서는 것과 같았다.

백화점 외에도 대형 쇼핑몰, 대형 마트, 그리고 CGV, 메가박스와 같은 멀티플렉스 영화관도 중요한 앵커 테넌트였다. 이들은 강력한 집객력을 자랑하는 상업 시설의 얼굴이었다. 극장에 온 김에 밥도 먹고 차도 마시고 장도 보고 출근하기 싫은 월요일에 입을 새 옷도 사는 것이 주말을 보내는 흔한 방식이기도 했다. 이 시기의 앵커는 다양한 카테고리의 상품을 일정한 공간에서 제공하는 원스톱 쇼핑 경험을 제공했다. 대규모 면적을 소화하며 안정적인 임대 수익을 보장하는 키 테넌트를 랜드로드뿐 아니라 소비자도 신뢰했고, 규모의 경제를 달성한 키 테넌트는 소비자의 방문 욕구를 자극했다.

앵커 2.0:
SPA 브랜드의 부상와 초대형 파사드의 등장

온라인 쇼핑이 일상으로 침투하자 자라, H&M, 에잇세컨즈, 유니클로와 같은 SPA 브랜드가 새로운 형태의 앵커 테넌트로 부상했다. 이들은 제조부터 유통까지 수직적 생산 구조를 통해 빠른 상품 회전과 합리적인 가격을 무기로 소비자들의 관심을 끌었다. 탄탄한 자본을 바탕으로 주요 상권의 노른자 땅을 차지한 것도 새로운 앵커로 자리한 연유 중 하나다.

한편, 리테일의 판매 기능이 축소되고 광고와 쇼룸 기능이 강화되면서 초대형 파사드가 주목받았다. 긴자식스는 2017년에 문을 연 도쿄 긴자의 대형 복합 쇼핑몰인데, 연면적 14만 8,000제곱미터, 지하 6층부터 지상 13층까지 총 19층 규모다. 리테일 공간은 지하 2층부터 지상 6층까지 배치되어 총 4만 7,000제곱미터 규모를 자랑한다. 오피스 공간은 지상 7층부터 12층까지 6층에 걸쳐 3만 8,000제곱미터이다. 긴자식스에는 250여 개 브랜드가 입점해 있는데, 절반 이상이 플래그십이다. 긴자의 중앙대로를 따라 115미터의 규모로 이어지는 대형 파사드는 긴자 내 다른 건축물과 비교해도 압도적인 존재감을 과시한다. 파사드 설계의 주인공은 뉴욕현대미술관MoMA 신관을 리노베이션한 세계적 건축가 다니구치 요시오다. 긴자식스가 일본의 손꼽히는 하이스트리트인 긴자 거리의 명소로 떠오르며, 리테일 업계에서 파사드와 공간 디자인의 중요성이 한층 부각되었다.

긴자식스의 초대형 파사드는 디올, 펜디, 입생로랑, 셀린느, 반클리프 아펠, 발렌티노 등 여섯 개 명품 브랜드의 특색을 잘 보여 준다. ©GINZA SIX, Van Cleef & Arpels

앵커 3.0:
경험 소비 시대의 카테고리 킬러

스타벅스 전 CEO 하워드 슐츠는 "현대 소비자는 제품이 아닌 스토리를 구매한다. 단순히 공간을 채우는 것이 아닌, 의미를 전달하는 브랜드가 생존한다"라고 말했다. 획일화된 대량 소비에 지친 현대인은 차별화된 경험을 추구하며 자기 자신을 드러낼 공간을 찾는다. 더욱이 온라인 쇼핑이 일상화되고, 밀레니얼세대에 이어 Z세대가 주요 소비층으로 부상하면서, 리테일은 여가의 즐거움을 경험하는 모종의 놀이터 기능까지 갖게 된다.

이 시기에 카테고리 킬러category killer라 불리는 특정 상품을 전문화한 매장이 앵커로 자리 잡았다. 카테고리 킬러형 매장은 분야 전문성과 밀도 있는 상품 구성을 바탕으로 충직한 고객을 확보한다. 나아가 니깅digging 소비를 겨냥한 슈퍼 카테고리 킬러도 등장했다. 디깅 소비는 특정한 취향이나 취미에 파고들어 그와 관련된 소비에 몰입하는 라이프 트렌드를 말한다. 애정을 쏟는 제품이나 브랜드를 발굴하는 적극적 소비 행태는 한정판, 플래그십의 선호로 이어진다. 특정 브랜드나 제품의 '팬'이 되어 브랜드 세계관과 성장 스토리까지 이해하고 소비하는 것이다. 한정판 스니커즈 수집, 포켓몬이나 브롤스타즈와 같은 인기 IP를 활용한 팝업이 디깅 소비를 대표한다.

팬덤 기반의 디깅 소비 트렌드는 소수의 인기 상품이 전체

항상 손님들로 붐비는 자연도소금빵인in성수(위), 런던베이글뮤지엄 도산점(아래).

매출의 대부분을 차지한다는 '80대 20법칙'으로 알려진 파레토 법칙으로 설명할 수 없다. 오히려 다수의 비주류 상품이 모여 전체 시장에서 상당한 매출과 가치를 창출한다는 크리스 앤더슨의 롱테일 이론으로 설명할 수 있다. 디지털 시대에는 소수의 대중 상품보다 다수의 틈새 상품이 의미 있는 시장을 형성한다.

현대 사회는 개인화를 강화한다. 그래서일까. 현대 소비자들은 자신의 내면적 가치와 일치하는 공간을 본능적으로 선호한다. 반성적 성찰을 거쳐 형성되는 내면적 가치는 부와 권력, 과시를 지향하는 외면적 가치 추구와 근본적으로 구별된다. 이러한 맥락에서 앵커 3.0시대의 앵커 테넌트는 소박하고 감성적이며 휴먼터치를 추구하는 측면이 있다. 이 현상은 F&B에서 두드러지는데, 앞선 시대와 다르게 3.0시대의 앵커는 대형 면적을 소화하지 않는다.

도산의 런던베이글뮤지엄과 스타벅스 리저브 프리미엄, 성수의 자연도소금빵in성수와 베통, 한남의 앤트러사이트는 네오 하이스트리트를 대표하는 F&B 매장들이다. 감성적인 분위기와 인테리어, 개성 넘치는 메뉴, 키오스크가 아닌 사람이 제공하는 특유의 서비스가 사람들을 끌어들인다. 크거나 화려하지 않고 자동화 서비스를 대개 도입하지 않아 다소 불편한 매장에 사람들이 기꺼이 줄을 서는 이유가 무엇인지, '편리의 시대'에 인간이 과연 필요로 하는 것이 무엇인지 숙고해 볼만하다. 또한 사람들이 여가를 즐기고 오래 머물 수 있는 공공장소나 유휴 공간도 종종 앵커가 된다. 코엑스와 수원 스타필드의 별마당 도서관은 상업 기능이 배제된 서비스 공간인데, 사람들을 끌어들이며 그들의 시간을 점유하는 특별한 장소로 자리하고 있다.

네 개 층이 오픈된 공간으로 지어진 스타필드 수원 별마당 도서관은 방문객들 사이에서 '인터스텔라'로 통한다. ©신세계프라퍼티

앵커 4.0:
프롭테크와 페스티벌의 컬래버레이션

　미래형 리테일을 대변하는 앵커 4.0은 기술, 예술, 엔터테인먼트가 융합된 형태로 나타난다. 한 줄로 말하자면, 프롭테크^{proptech}의 결과물이 앵커다. 프롭테크는 부동산^{property}과 기술^{technology}의 합성어로 빅데이터, 인공지능, 사물인터넷 등 첨단 정보통신 기술을 접목해 사용자 경험을 혁신하는 서비스와 비즈니스 모델을 통칭한다. 프롭테크와 결합한 미디어 파사드는 건물 외관 자체를 거대한 콘텐츠 플랫폼으로 변모시킨다.

　인천 영종도에 있는 동북아 최대 규모의 복합 엔터테인먼트 리조트인 인스파이어는 리조트 내 '오로라' 디지털 거리를 조성했다. 이 거리에서 대형 미디어 아트 쇼인 '언더 더 블루 랜드^{Under the Blue Land}'를 상시 상영하는데, 이 공연을 보기 위해 인스파이어

인스파이어 LED 고래쇼. ©Inspire

를 찾는 고객이 상당수다. 높이 25미터, 길이 150미터의 초대형 LED 천장과 벽면에서 무료로 펼쳐지는 환상적인 고래쇼를 보면 남녀노소 누구나 탄성을 지른다. 또한 '수분'을 연구하는 뷰티 브랜드 토리든의 플래그십 스토어 토리든 커텍트 성수는 특수 제작된 물결무늬 유리로 건물 외관을 장식해 눈길을 끌었다. 햇살이 물결을 비출 때 빛이 퍼지며 눈부시게 일렁이는 효과를 물결무늬 유리를 통해 구현하며 브랜드의 최종 지향을 시각화했다.

팬덤을 공략한 페스티벌 형식의 팝업도 앵커 4.0의 주요 형태다. 감각적인 취향 기반의 셀렉트숍 29CM와 프리미엄 문구 편집숍 포인트오브뷰를 만든 아틀리에 에크리튜가 공동 주최한 문구 페어 '인벤타리오 INVENTARIO'는 문구 마니아들의 축제였다. 인벤타리오는 '목록'이라는 뜻을 가진 스페인어로, 일상의 다양한 도구와 취향 이야기를 수집하는 거대한 저장소를 은유한 단어라고 한다. "단순한 물건 전시가 아닌 기록과 창작의 도구들을 한자리

29CM와 아틀리에 에크리튜가 공동 주최한 '인벤타리오'. ©29CM

에서 만나 볼 수 있는 라이프스타일 아카이빙의 장을 상징"하는 페어라며 공간 전문 뉴스레터 〈SOSIC(소식)〉이 호평하기도 했다. 글월, 트롤스페이퍼, 소소문구, 까렌다쉬, 카키모리 등 약 70개 국내외 인기 문구 브랜드가 참여해 문구 마니아들의 전폭적인 지지를 얻었다. 입장권은 일찍이 매진되었고, 입장권이 정상가의 5~7배 수준으로 중고 거래 사이트에서 판매되기도 했다.

02 메가 하이스트리트의 앵커

글로벌 브랜드 플래그십에서 노점까지

　　　　　　　　메가 하이스트리트는 축적된 시간의 공력이 있다. 이 거리는 앵커 1.0부터 4.0시대까지 오프라인 리테일에서 발생한 주요 사건과 현상을 담아냈다. 명동은 굴곡진 현대 경제사를 정면 돌파하며 늘 그 자리에 있기 때문인지, 상권의 정서가 낡고 구태의연한 측면이 있는 것도 사실이다. 그러나 오래됨의 부정성을 털어 내고 보면, 유구한 시간이 보증하는 우량 상권의 건전함과 날조할 수 없는 헤리티지를 발견할 수 있다.

　　하이스트리트는 브랜드의 격전지이기도 하지만, 그 자체가 브랜드이기도 하다. 브랜드가 된다는 것은 시장에서 독자적인 정체성을 인정받아 대중의 인식을 비집고 들어갔다는 것을 의미한다. 대규모 유동 인구가 확보된 메가 하이스트리트는 남녀노소 누구나 즐겨 찾고 신뢰하는 국민 브랜드의 성격을 갖는다. 이 브랜드 효과 덕분에 메가 하이스트리트에 입점한 글로벌 브랜드들은 경제적 가치를 넘어 사회적·문화적 지위를 상징하는 브랜드로 소비자에게 각인된다.

평균 이상의 자본력과 명성이 없는 브랜드는 메가 하이스트리트에 진입하기 어렵다. 따라서 명동, 홍대, 강남에 플래그십을 냈다는 것 자체가 성공의 인장이 된다. 애플, 아디다스, 나이키, 자라와 같은 글로벌 브랜드는 메가 하이스트리트를 거점으로 두고 플래그십을 확장한다. K뷰티를 대표하는 플랫폼 올리브영은 명동을 오프라인 리테일의 중심축으로 두는데, 명동타운점, 명동점, 명동중앙점, 명동대로점, 명동타임워크점, 명동역점, 명동거리점 총 일곱 개의 매장이 있다. K패션을 대표하는 신생 브랜드 마뗑킴, 이미스, 블루엘리펀트 등도 명동에 등장해 단기에 이룬 성공을 세상에 알리기도 했다.

대형 브랜드나 성장 주사를 맞은 듯 급성장한 신생 브랜드가 메가 하이스트리트에 입점하는 현상은 유명 야구선수나 괴물급 기량을 가진 신인 선수가 메이저리그에 등판하는 것과 유사하다. 일본의 프로야구 스타 오타니 쇼헤이가 미국 메이저리그로 이적하면서 일으킨 효과를 떠올려 보라. 오타니는 일본에서 '이도류'라 불리는, 즉 투수와 타자를 겸업하는 투타 선수로 명성을 쌓았다. 이 명성을 등에 업은 오타니가 메이저리그에 입성하자 구단의 티켓과 굿즈 판매, 중계권 경쟁에 즉각적인 변화가 생겼다. 판매량이 급증한 것이다.

글로벌 브랜드가 특정 하이스트리트에 대형 매장을 오픈하는 것은 상권의 정통적 가치와 실효성을 확증하는 효과가 있다. 대형 브랜드가 정통 상권에 입점해 시너지를 내는 현상은 한국의 메가 하이스트리트뿐만 아니라 일본, 영국, 프랑스, 미국 등 주요 국가들에서도 유사하게 나타난다. 도쿄의 시부야, 뉴욕의 타임스퀘어, 런던의 본드 스트리트, 파리의 몽테뉴가, 밀라노의 비아 몬테 나폴레오네 등 세계 각국의 메가 하이스트리트가 그에 해당한다.

브랜드 차원에서 접근할 때, 메가 하이스트리트의 앵커는 글로벌 브랜드의 플래그십이다. 애플, 아디다스 등의 글로벌 브랜드는 작은 브랜드가 흉내 낼 수 없는 절대 규모로 플래그십에 차별성을 둔다. 특히 명동의 아디다스 브랜드 플래그십 서울, 애플 명동, 나이키 서울은 국내 최대 규모일 뿐 아니라 세계적으로도 희소한 대형 매장이다.

애플 명동은 한국 내 가장 큰 규모로 1층과 2층, 두 개 층을 사용한다. 애플 매장의 시그니처인 거대한 유리 파사드 덕분에 개방감이 뛰어나고, 매장 안에 작은 정원을 조성해 자연 친화적 분위기를 조성했다. 아시아 최초로 온라인에서 구매한 제품을 픽업할 수 있는 공간을 1층에 확보해 애플 유저들에게 호평을 얻었다. 2층에는 대형 비디오월과 포럼 공간을 마련해 '투데이 앳 애플Today at Apple' 세션을 진행한다. 투데이 앳 애플은 애플 제품의 기본 사용법을 배우거나 코딩, 앱 개발, 디자인 등 관심 영역의 기술을 향상시킬 수 있는 무료 교육 프로그램이다.

엠플라자에 입점한 약 2,500제곱미터 규모의 아디다스 브랜드 플래그십 서울은 아디다스의 모든 라인(스포츠 퍼포먼스, 오리지널스, Y-3 등)을 한 곳에서 만날 수 있는 국내 유일의 매장이다. 각 국가의 고유문화를 반영하는 플래그십 콘셉트인 '홈 오브 스포츠 Home of Sport'를 아시아 최초로 도입해 한국의 전통과 문화적 특성을 공간과 제품으로 구현했다. 1층 '서울숍'과 '서울랩'에서 서울의 이야기를 담은 한정판 굿즈를 전시, 판매해 외국인 관광객들에게 인기를 얻고 있다.

'나이키 라이즈 Nike Rise' 콘셉트로 설계된 나이키 서울은 눈스

명동 눈스퀘어에 입점한 나이키 라이즈는 중국 광저우에 이어 전 세계 두 번째로 오픈한 나이키의 신개념 체험형 매장이다.

퀘어에 입점한 체험형 플래그십이다. 나이키 라이즈는 서울, 도쿄, 상하이, 베이징, 단 네 개 도시에만 만날 수 있는데, 이 콘셉트가 적용되는 매장은 300평이라는 대형 평수를 갖추고 있어야 한다. 나이키의 초대형 플래그십인 '하우스 오브 이노베이션'은 평균 2,000평의 초대형 규모를 필수 조건으로 하는데 현재 상하이, 뉴욕, 파리, 단 세 도시에서만 만날 수 있다(국내에서는 기준에 상응하는 대형 면적을 가진 서울 내 매장을 찾지 못해 오픈하지 못하고 있다). 나이키 서울은 RFID, 디지털 아트리움 스크린, 스포츠 펄스 플랫폼 등 스포츠와 유저를 연결하는 최첨단 기술을 도입해 미래형 리테일 서비스를 선도한다. 또한 명동 플래그십에서만 제공하는 '나이키 바이 유Nike By You' 커스텀 서비스와 스타일링 서비스에 대한 고객 만족도가 높다. 나이키 바이 유 존에서 티셔츠, 모자, 신발 등 다양한 제품을 직접 디자인해 만들 수 있고, 나이키의 전문 스타일리스트가 소비자의 운동 선호도에 맞춰 1대 1로 제품을 추천해 개인에게 맞춤화된 제품을 큐레이션한다.

현대 도시 이론의 혁명가이자 창시자로 평가받는 도시학자 제인 제이컵스는 도시계획 분야의 고전이자 필독서인 《미국 대도시의 죽음과 삶》에서 말한다. "위대한 도시는 항상 위대한 거리에서 시작된다. 사람들이 모이고 머무는 공간이 도시의 심장이다." 도시의 생기를 부여하는 것은 단연 사람이다. 그런데 대형 플래그십은 메가 하이스트리트로 사람을 끌어들이는 근본 동력이 아니다. 거리에 이미 사람들이 차고 넘치기 때문이다. 과거에는 절대적으로 크고 화려한 공간에 대중이 열광했지만, 그런 시대는 지난 듯하다. 누구나 경탄할 만한 '하우스 오브 이노베이션' 정도의 압도적인 크기가 아니라면 말이다. 이제 새로운 콘텐츠 없이 새로운 공간만으로는 새로운 경험의 기쁨을 주기 어렵다.

    나는 노점과 같은 명동의 특수한 관광 자원이 외국인 관광객을 비롯해 사람을 끌어들이며 기본 트래픽을 만드는 흡인 요인이라 생각한다. 현재 명동 일대에 정식 허가를 받고 운영 중인 노점은 대략 360채다. 법적으로 한 사람이 노점 한 채를 운영할 수 있고 임대, 양도, 위탁이 불가능하며 약 90만 원의 도로 점용료를 낸다. 노점은 4호선 명동역 6번 출구를 기점으로 명동중앙길, 유네스코길, 충무로길 등에 포진되어 있는데, 절반 이상이 음식을 팔고 나머지는 외국인 대상으로 기념품을 판다. 같은 맥락에서 홍대의 버스킹을 비롯한 공공화된 거리 문화도 실질적인 트래픽 메이커다. 메가 하이스트리트는 메가 브랜드의 플래그십 집합소에 그치지 않고, 다양한 비물질적 자원을 흡수하며 그만의 문화적 레이어를 만들어 가고 있다.

03 네오 하이스트리트의 앵커

신생 브랜드의 출사표

　　　　　　　　　브랜드 차원에서 네오 하이스트리트의 앵커는 사람들을 적극적으로 끌어들이는 역할을 한다. 이것이 네오 하이스트리트의 앵기가 갖는 기능적 미덕이자 저력인데, 네오 하이스트리트는 메가 하이스트리트와 대비해 보면 트래픽이 안정적이지 않기 때문이다. 상권 일반론에서는 유동 인구가 많은 곳에 매장을 내는 것이 중요하지만, 온라인 리테일이나 오픈 마켓을 보유해 유통 문제를 해결한 브랜드는 이에 연연하지 않는다. 네오 하이스트리트에 자리를 튼 브랜드는 그 자체로 방문 목적이 될 수 있는 독특한 브랜드 경험을 제공함으로써 새로운 고객을 유치한다. 이는 전통적인 상권 이론에서 벗어난 접근법이다.

마케팅의 대가 필립 코틀러는 "디지털 시대의 소비자들은 단순한 제품이나 서비스가 아닌 총체적인 경험을 구매한다"라고 주장한다. 네오 하이스트리트의 리테일은 코틀러의 경험 마케팅 이론을 구현한 모양새다. 메가 하이스트리트의 대형 플래그십처럼 규모에 목숨을 거는 것이 아니라 매력적인 브랜드 아이덴티티를 감각적으로 표현하는 데 중점을 둔다.

네오 하이스트리트가 가진 상권의 힘은 최근 가장 인기 있는 브랜드의 플래그십이 입점한다는 것이다. 온라인에서 팬덤을 탄탄히 구축한 K패션 브랜드나 국내에 처음 진출하는 해외 브랜드는 성수, 한남, 도산을 중심으로 매장을 낸다. 브랜드 차원에서 성수의 앵커는 디올 성수지만 탬버린즈, 무신사, 키스Kith, 올리브영 등 Z세대의 지지를 받는 브랜드들이 연이어 등장해 방문의 목적지가 되고 있다.

2010년 문을 연 꼼데가르송은 패션, 부동산, 리테일 업계 사람들과 소비자가 인정하는 한남의 앵커였다. 이제는 '3마' K패션으로 상징되는 마땡킴, 마리떼 프랑소와 저버, 마르디 메크르디(이하 마르디) 매장이 내국인뿐 아니라 외국인의 방문 목적지가 되고 있다. 흔히 꼼데가르송길로 불리는 대로변 이면에 자리 잡은 마르디 매장은 골목 안쪽에 여러 개의 점포로 나뉘어 있는데, 경영학자 마이클 포터가 주장한 '클러스터 이론'을 실증하는 사례로 볼 수 있다. 클러스터 이론에 따르면, 특정 산업의 기업이 지리적으로 집중될 때 시너지 효과가 발생한다. 한남동의 패션 브

성수의 새로운 앵커가 된 키스(위)와 패션 편집숍 무신사 엠프티(아래). ©Kith, 무신사

랜드들은 이웃한 브랜드와 시너지를 내며 K패션의 새로운 메카가 되고 있다.

나는 상업 시설에 국내외 브랜드를 유치해 공간 가치를 극대화하고 수익을 최대화하는 일을 하고 있다. 이 일을 하다 보면 장기적 트렌드뿐 아니라 단기적 유행의 변화를 주시하게 되는데, 급변하는 사람들의 취향에 종종 놀라곤 한다. '핫'한 브랜드는 이내 '올드'한 브랜드가 되고, 당대 소비자들이 열광하던 복합 상업 시설도 하릴없이 식상해지는 유행의 순환을 목격하며, 파급력이 큰 만큼 한시적이고 휘발성이 강한 유행이라는 사회문화 현상이 무상하게 느껴질 때도 있다. 유행을 폄훼하거나 부정하는 것이 아니다. 거대한 유행은 시대의 분수령이 된다. 현재 유행 중인 K컬처를 상기해 보자. 대유행은 내수뿐 아니라 글로벌 트래픽을 만들며 국가의 위상을 바꾼다. 유행은 화제성과 대중의 인기를 중심축으로 하는데, 인기는 근본적으로 기획할 수 없다. 경험치에 근거해 높은 확률의 성공을 기대할 수 있지만 실패의 가능성은 늘 열려 있다. 타이밍 역시 유행의 주요 인자다. 타이밍은 상당 부분 우연에 의지하는데, 우연을 계획할 수는 없다.

네오 하이스트리트는 트렌드와 유행을 정면으로 담아내는 거대한 거울이다. 그래서 네오 하이스트리트에서는 가장 최근에 오픈한 인기 브랜드가 앵커 역할을 한다. 미국의 프리미엄 액티브웨어 브랜드 알로 요가와 오만의 최고급 니치 향수 브랜드 아무아쥬가 도산 일대에 플래그십을 낼 거라는 것이 패션과 뷰티 업계 관계자들에게 알려져, 매장 오픈 전부터 초미의 관심사가 되기도 했다. 2024년 한국 법인을 설립한 알로 요가는 지하 1층부터 지상 6층까지 약 170평 규모의 단독 건물에 플래그십을 열고, 액티브웨어부터 웰니스 제품까지 알로 요가의 모든 제품군을 판매할 예정이다. 1983년 오만 왕실에서 설립한 아무아쥬는 '오만 술탄'이라는 아라비아 향수 예술을 복원하고자 만들어졌다고 한다. 왕실에 방문한 귀빈에게 선물하기 위해 만들어진 아무아쥬는 초럭셔리 아이덴티티를 가지고 있는데, 국내에 진입할 때 도산을 1순위로 검토했다.

　네오 하이스트리트의 앵커 현상은 전통 상권론에서 대형 브랜드가 장기 계약을 통해 상권의 안정성을 도모하며 랜드마크가 되는 것과는 대조적이다. 네오 하이스트리트에서는 랜드로드의 경영 질서보다 테넌트의 브랜드 세계관이 더 강력한 에너지를 뿜으며 상권의 질서를 만든다. 테넌트 관점에서 브랜드 어필 효과가 더욱 중요시된다는 말이다.

　신흥 상권의 도약은 비단 한국에서만 나타나는 현상이 아니다. 뉴욕의 5번가가 전통적인 메가 하이스트리트로서 명성을 유지하는 가운데, 미트패킹 디스트릭트, 첼시 마켓, 허드슨 야드와 같은 지역들은 네오 하이스트리트로서 새로운 소비자 경험을 창출하고 있다. 미트패킹 디스트릭트는 원래 육류 가공 공장 지역이었으나, 하이라인 공원High Line Park의 개발과 함께 세계적인 패션 브랜드와 미식 공간이 어우러진 문화적 명소로 변모했다. 첼

과거 육류 공장이었던 미트패킹 디스트릭트(왼쪽)와 과자 공장이었던 첼시 마켓(오른쪽)은 세계적인 브랜드가 입점하고 다양한 문화 행사가 열려 주민은 물론 관광객을 끌어들이는 강력한 앵커로 기능한다. ©Meatpacking District NYC, Chelsea Market

시 마켓은 실내 푸드홀과 부티크 숍이 공존하는 형태로, 허드슨 야드는 초대형 복합 상업 공간으로 각각 독특한 정체성을 구축했다.

3장

파사드

상권의 얼굴이 된
브랜드 전략의 집결체

FACADE

파사드는 브랜드 스토리와 철학을 시각적으로 구현한 미디어다.

0 1   **리테일 패러다임 변화와 파사드의 부상**

　　　　　　상업용 부동산 시장은 근본적인 변화를 겪고 있다. 그 변화는 일시적인 유행이나 단기 트렌드가 아니라 상업용 부동산의 패러다임 재편에 가까운데, 과거의 운영 패턴으로 돌아갈 수 없는 일방향적 진화를 보여 준다. 예컨대 필름 카메라에서 디지털 카메라로의 이행이 기술 개선이 아닌 사진 산업 전체의 규칙을 다시 쓴 것처럼 말이다. 주목할 점은 시장 변화의 속도가 앨빈 토플러가 예견한 것처럼 손 쓸 수 없이 빠르다는 점이다. 지금의 변화는 인간의 인지 능력과 적응 속도를 압도해 집단 무기력을 양산하기도 한다. 이론경제학자 조지프 슘페터가 주장하는 '창조적 파괴'가 실시간으로 구현되는 모습이다. 오늘의 혁신이 내일의 구식 모델이 되는 순환 주기가 그 어느 때보다

짧아지고 있다.

그렇다면 이 사나운 시장의 소용돌이에서 랜드로드와 테넌트의 관계, 수익 모델, 그리고 부동산의 사용 가치는 어떻게 변화하고 있는가? 먼저 랜드로드와 테넌트의 관계는 행정적 계약 당사자에 머무르지 않고 전략적 파트너십의 공생자로 바뀌고 있다. 과거 랜드로드는 공간을 제공할 뿐, 공간 내 비즈니스가 잘되고 못되는 건 전적으로 테넌트의 몫이었다. 이제는 랜드로드가 테넌트를 적극적으로 유치하고, 마케팅에 협조하는 등 성공의 조력자로 변모하고 있다. 랜드로드가 테넌트의 인테리어 비용을 지원하거나 일정 기간 임대료를 면제해 주는 혜택도 더는 낯설지 않다. 랜드로드와 테넌트의 파트너십 강화에 따라 수익 모델도 변화하는 추세다. 과거 고정 임대료 중심에서 매출 연동형 임대료나 고정 임대료와 연동형 모델을 합친 하이브리드형 임대료가 필드에서 실제 적용되며 수익 구조가 다변화되고 있다. 테넌트의 비즈니스를 이해하고, 그 성공에 랜드로드의 이익도 연동된다는 것을 인식한 결과다.

판매 중심의 상업용 부동산 시장에서는 목 좋은 자리가 임대료를 좌우했다. '어디에 있는가'가 부동산의 가치를 결정했는데, 소비자 중심의 경험 소비 시대가 열리며 '어떤 경험을 제공하는가'가 더 중요한 부동산 가치 상승의 요건이 되었다. 그런데 또다시 위치가 중요해지고 있다. 그 이유는 무엇인가? 브랜드의 얼굴이자 광고판이 된 파사드의 마케팅 영향력 때문에 대로변 1층을 선호하는 대형 브랜드가 늘고 있기 때문이다.

상업용 부동산의 변화와 함께 건물 외관을 대표하는 파사드가 부동산의 가치를 증대시키는 주역이 되었다. 파사드의 어원은 라틴어 facies로 '얼굴', '외모'를 뜻하는데, 건축 업계에서는 건물의 전면부를 지칭하는 용어로 사용한다. 전통적으로 파사드는 건물의 구조적 기능과 미학적 감성이 결합한 요소였으나, 현대에 이르러 그 기능과 중요도가 확장되었다. 과거의 파사드가 건물의 정체성과 용도를 표현하는 단순한 외피였다면, 현대의 파사드는 브랜드 커뮤니케이션의 첫 단추이자 도시 경관의 핵심 인자라 말할 수 있다.

물론 파사드의 역할과 의미는 시대에 따라 달랐다. 산업화 이전 시대에는 건축 기술의 한계로 파사드 디자인이 제한적이었다. 파사드로 건물의 아이덴티티를 나타내기보다는 주로 장식적 요소와 건축 양식을 통해 건물의 성격을 표현했다. 20세기 모더니즘 건축에서는 '형태는 기능을 따른다'는 원칙에 따라 기능주의적 파사드가 주류를 이루었고, 포스트모더니즘 시대에 이르러 상징적 의미를 가진 표현주의적 파사드가 등장했다.

디지털 기술과 시장의 발전은 파사드의 존재감을 높였다. 2000년대 이후 브랜드 가치가 기업 경쟁력을 좌우하면서 파사드는 브랜드 아이덴티티를 표현하는 강력한 수단으로 재인식되었다. 팬데믹 이후 소비자들의 제품 구매 경로가 온라인으로 완전히 전환되면서 오프라인 리테일은 브랜드 경험을 제공하는

건물 전면을 파사드로 활용해 브랜드 아이덴티티를 강력하게 드러내는 메종 에르메스 도산 파크.
©Hermes

안내소이자 시의적인 트렌드를 담아낸 마케팅 공간이 되었다. 이 과정에서 파사드는 브랜드와 소비자가 직접적으로 만나는 최초의 접점이자 구매 결정에 영향을 미치는 마케팅 대시보드로 자리했다.

리테일 비즈니스에서 파사드는 마케팅, 브랜딩, 고객 경험, 자산 가치를 향상하는 브랜드 전략의 상징체다. 파사드는 정보가 넘치는 도시 환경에서 브랜드를 시각적으로 각인시킨다. 하루 24시간, 일 년 365일 상시 작동하는 광고판으로 유동 인구가 많은 프라임 상권의 파사드는 노출 효과가 크다. 더욱이 독특하고 심미적일수록 지나가는 사람들에게 각인되기 쉽다. 2010년대 유니클로, H&M, 자라 등 SPA 브랜드가 패션계를 평정하던 시절의 파사드는 기능적 식별을 강조했다. 쉽게 말하면 브랜드 로고와 명칭을 활용해 눈에 띄는 간판을 만든 것이다. 작고 개인적인 브랜드가 두각을 나타내는 현 시점의 파사드는 브랜드 스토리와 비전을 시각적으로 구현한 상징물에 가깝다.

파사드는 고객을 유입하는 촉진제로 기능한다. 나는 이를 점두 마케팅 storefront marketing 효과라 부르는데, 동네 부동산에서 흔히 볼 수 있는 점두 광고의 연장선에 있는 개념이다. 파사드는 지나가는 소비자의 시선을 사로잡고 방문을 유도한다. 혁신적인 파사드 디자인을 도입한 플래그십은 그렇지 않은 곳보다 고객 유입률이 높다.

파사드는 제품의 가격 타당성을 설득하는 데도 관여한다. 고품질의 소재로 정교하게 디자인된 파사드는 제품과 서비스 가치에 대한 소비자의 인식을 높인다. 명품 브랜드들은 파사드에 수백억 원을 투자하며 프리미엄 이미지를 강화하고, 가치 소비의 궁극에 있는 상품임을 파사드를 통해 은유하며 높은 제품가를 상당 부분 정당화한다. 파사드가 약속한 브랜드 경험이 매장 내부에서도 일관되게 이어질 때, 소비자의 구매 가능성은 커진다.

프랑스 명품 브랜드 에르메스는 복합 문화 공간형 플래그십 매종 에르메스 도산 파크의 문을 2006년에 열었다. 도산대로45길에 자리한 이 공간은 에르메스의 네 번째 글로벌 플래그십이다. 정육면체 건물은 골드 실크스크린 패턴이 입혀진 유리 외벽으로 둘러싸여 거대한 다이아몬드를 연상시킨다. 30센티미터 이중 구조로 된 유리 파사드가 자연광을 흡수하며 은은하게 빛을 발하는데, 건축계에서 "가격은 말하기 무서울 정도"라는 언급이 있을 만큼 유리 파사드의 제작, 시공 비용이 고가인 것으로 알려져 있다.

　브랜드 아이덴티티를 표상하고, 고객을 유입하며, 오프라인 마케팅 효율을 올리고, 제품의 가격에도 영향을 미치는 파사드는 최종적으로 부동산 가치 상승에 기여한다. 혁신적이고 미적으로 뛰어나 지역 랜드마크의 존재감을 가진 파사드가 건물의 자산 가치를 높이는 것이다. 특히 상권 재생 과정에서 빼놓을 수 없는 파사드 리노베이션은 지역 이미지를 개선하고 임대료를 상승시키는 전략적 수단이기도 하다.

0 2   **미디어가 된 파사드**

파사드는 미디어다. 정확히 말하자면, 브랜드 커뮤니케이션의 미디어다. 흔히 미디어라 하면 신문, 텔레비전, SNS 등을 떠올리지만, 미디어 연구의 선구자인 마셜 매클루언은 미디어를 인간의 육체나 정신이 확장된 개념으로 이해한다. 동일 맥락에서 파사드는 브랜드의 비가시적 정신성을 가시화한 미디어다. 현대 리테일 환경에서 파사드는 브랜드 스토리텔링을 들려주는 무언의 도슨트 역할을 한다.

오프라인 리테일 시장 내 파사드는 크게 세 가지 차원에서 기량을 뽐낸다. 브랜드의 권위를 상징하고, 수많은 브랜드가 생존을 걸고 투쟁하는 자아실현의 각축장에서 타브랜드와의 차별화를 유도하는 식별의 아이콘으로 기능하며, 신생 브랜드의 인지도를 각인시키는 것이다. 노벨 경제학상 수상자 마이클 스펜스가 발전시킨 신호 이론Signaling theory은 정보 비대칭 상황에서 거래 당사자가 다른 거래 당사자에게 능력, 품질, 특성에 관한 정보를 어떻게 전달하는지 설명한다. 파사드는 브랜드의 품질, 위상, 가치를 소비자에게 전달하는 강력한 신호다. 예컨대 메가 하이스트리트에 입점한 애플스토어의 미니멀한 파사드는 단순하고 수수해 얼핏 보면 큰 자본이 들어간 것 같지 않지만 그 반대다. 막대한 자본이 투입된 특제 유리 파사드는 브랜드의 혁신성과 프리미엄 가치를 암시한다. 브랜드의 재정 안정성과 시장 존속 가능성을 암묵적으로 전달하는 것이다. 소비자는 이 신호를 통해 브랜드를 신뢰하게 된다.

실제로 프라임 상권의 화려한 파사드에는 상당한 비용을 감수할 수 있는 브랜드의 경제적 역량이 내재되어 있고, 이는 소비자 무의식에 브랜드 신뢰감을 싹트게 하는 계기가 된다. 신뢰는 사람 간에든, 브랜드와 소비자 간에든 구축하기 어려운 감정이다. 신뢰가 형성된 관계는 쉽게 끊어지지 않는다.

이런 연유로 브랜드가 파사드에 투자하는 비용은 갈수록 커지고 있다. 파사드에 수백억 원을 때려붓는 것도 예삿일이어서 크게 화젯거리에 오르지 않는다. '고센의 법칙'이라고도 불리는 한계효용 체감의 법칙은 소비자나 기업이 특정 재화나 서비스를 한 단위 더 소비하거나 투자할 때 얻는 추가적인 만족이나 이익을 의미한다. 여기서 '한 단위'란 상황에 따라 다양하게 정의할

(위) 홍대입구역 사거리 통행자들의 시선을 사로잡는 애플과 대형 미디어 파사드.
(아래) 조적조 벽돌과 내부 정원이 들여다보이는 통창을 파사드로 활용한 이솝 성수. ©Aesop

수 있는데, 파사드 투자에서는 추가 디자인 요소, 추가 면적, 혹은 추가 예산 단위다. 예를 들어, 브랜드가 3,000만 원을 투자해 파사드를 구축했을 때의 효용이 있고, 3,000만 원을 이어 투자해 LED 조명을 달았을 때의 추가 효용이 있다. 이론에 따르면, 추가 투자로 얻는 효용은 점차 감소한다. 처음 3,000만 원의 투자는 매장 인지도를 높이지만, 3,000만 원 투자를 열 번 하면 이전 투자보다 인지도 확보의 효과가 낮아지는 것이다.

파사드의 기능적 효율은 상권마다 다르게 측정된다. 그래서 상권별로 파사드에 투자하는 수준과 방향이 다르다. 이는 상권의 색깔과 그 상권을 찾는 소비자 특성을 전제한다. 메가 하이스트리트인 명동과 강남에서는 권위와 전통을 강조하는 파사드의 한계효용이 높게 나타난다. 그래서 브랜드의 글로벌 아이덴티티를 일관되게 표현하는 글로벌 스탠다드 파사드가 효과적이다. 애플, 루이비통, 구찌와 같은 글로벌 브랜드는 메가 하이스트리트에 진출할 때 본국의 플래그십 스토어와 유사한 파사드 디자인을 채택함으로써 브랜드의 세계적 위상과 권위를 강조한다.

반면, 네오 하이스트리트인 성수나 한남에서는 독창성과 혁신을 강조하며 지역성을 살린 실험적 파사드의 한계효용이 더 높게 나타난다. 네오 하이스트리트의 소비자들은 새롭고 독특한 경험을 중시하며, 개인의 고유성이 녹아든 SNS에 공유할 만한 트렌디하고 희소한 플래그십을 부러 찾는다. 메가 하이스트리트와 네오 하이스트리트는 거리를 소비하는 사람이 다르다. 기업

유네스코길의 코너 자리에 위치한 올리브영 명동타운점.

은 이러한 차이를 인식하고 상권별 최적화된 파사드 투자 전략을 수립한다.

파사드가 효과적인 마케팅 수단으로 재부상하며 저층부의 경제적 가치가 상승했다. 사실 명동과 같은 금싸라기 땅은 1층의 가치가 건물 전체의 가치를 만든다고 해도 과언이 아니다. 1층의 임대료는 다음의 세부 요인들에 따라 결정된다. 첫째, 파사드 폭, 즉 전면 너비다. 같은 면적이라도 전면이 넓은 매장은 전면이 좁은 매장보다 평당 임대료가 높게 책정된다. 전면의 너비가 10미터에 깊이가 5미터인 매장이, 너비 5미터에 깊이 10미터인 매장보다 높은 임대료를 받는다. 넓은 전면이 더 많은 보행자에게 파사드 노출을 극대화해 한계효용이 증가하기 때문이다. 실제로 많은 브랜드가 '길쭉한' 매장보다 '넓적한' 매장을 선호한다.

둘째, 건물의 돌출 여부는 파사드의 가시성에 직접적인 영향을 미친다. 주변 건물보다 1, 2미터라도 더 튀어나온 매장은 동일 평수 대비 임대료가 더 높다. 소위 '코너' 자리는 두 방향에서 파사드가 노출되어 브랜드 노출 효과가 배가되기 때문이다. 명동 중앙길과 유네스코길이 만나는 코너 매장의 임대료가 특히 높은 이유다.

셋째, 계단이나 경사로는 접근성을 낮춰 임대료 책정에 부정적 영향을 준다. 리테일을 만들어 본 사람은 2층으로 사람들을 유인하는 게 얼마나 힘든 일인지 안다. 2층이나 지하까지는 아니어도 서너 개의 낮은 계단을 오르거나 내려가야 하는 매장은 동일 조건 대비 임대료가 낮다.

    넷째, 간판 규제도 임대료에 영향을 미친다. 특별 건축 구역이나 역사 보존 구역에서는 파사드와 간판 디자인을 제재하는데, 표현의 자유를 중시하는 브랜드와 이들을 입점시켜야 하는 랜드로드에게 행정 제약이 긍정적 영향을 줄 리 없다. 근래 옥외광고 규제를 풀어 뉴욕의 타임스퀘어처럼 명동과 을지로입구역 일대를 세계적인 랜드마크로 조성하려고 하는 서울시 프로젝트인 '명동스퀘어'는 리테일 업계에서 반색할 만하다. 명동스퀘어는 2023년 12월 명동이 '옥외광고물 자유표시 구역'으로 선정되면서 본격적으로 추진되고 있는데, 2024년을 기점으로 10년에 걸쳐 단계적으로 진행될 예정이다. 신세계백화점, 하나은행, 롯데

2033년까지 100여 개의 미디어 파사드가 설치될 예정인 명동스퀘어 프로젝트. ⓒ중구

영플라자, 국립극단 명동예술극장이 주요 거점이 되어 을지로입구역 앞 대로 주변에 대형 전광판 열여섯 개, 거리 미디어 80기가 설치될 것이다. 2024년에 농구장 세 개 크기에 달하는 1,292제곱미터의 초대형 디지털 사이니지 '신세계스퀘어'가 가장 먼저 세상에 선을 보여 화제를 모았다.

03 메가 하이스트리트와 네오 하이스트리트의 파사드 전략

잠시 엉뚱한 상상을 해 보자. 최신 스마트폰을 구매했다. 거금을 투자해 산 스마트폰인데 주위를 둘러보니 모두 스마드폰을 쓰지 않는다. 시간이 역행한 듯 성인의 팔뚝만 한 워키토키로 사람들이 소통한다. 전화번호도 아이디도 더는 커뮤니케이션에 의미 없는 상황이다. 그렇다면 최신 스마트폰은 커뮤니케이션에서 어떤 사용 가치가 있을까? 답은 간단하다. 스마트폰의 사용 가치는 전혀 없다. 적어도 네트워크 효과 이론에 따르면 그러하다.

네트워크 효과 이론은 제품이나 서비스의 가치가 그것을 사용하는 사람들의 수에 비례해 증가한다는 원리를 설명한다. 사용자가 증가할수록 네트워크의 가치가 높아지고, 네트워크의 가치가 높아질수록 더 많은 사용자가 유입되는 선순환 구조가 형성된다. 네트워크 효과는 임계점이나 티핑 포인트 개념과도 밀접하게 연관된다. 사용자 수가 특정 임계점을 넘어서면 네트워크 효과가 자기 강화적으로 작용해 폭발적인 성장을 이끌어 낸다. 페이스북, 인스타그램, 카카오톡과 같은 소셜 플랫폼의 급속한 성장은 네트워크 효과의 저력을 보여 준다.

현대의 파사드는 네트워크 효과 이론과 밀접하게 연관되어 있다. 특히 디지털 혁명 시대에 파사드는 단일 위치에서 제한된 수의 보행자에게만 노출되는 정적인 요소가 아니라, 소셜 미디어를 통해 무한히 확장될 수 있는 유동 자산이다. 파사드는 오프라인 경험을 온라인으로 확장하는 매개체로서 강력한 네트워크 효과를 창출한다. 인스타그램에 게시할 만한 파사드는 브랜드 메시지의 확산을 촉진한다. 한 명의 소비자가 파사드를 배경으로 사진을 찍어 자신의 소셜 미디어에 공유하면, 그의 팔로워들은 간접적으로 해당 브랜드에 노출된다. 이 과정을 수천, 수만 명의 소비자가 반복할 때, 파사드의 영향력은 물리적 공간성의 한계를 넘어선다. 개인의 SNS 공유 행동이 집단화되며 강력한 브랜드 마케팅 효과를 창출하는 것이다.

네트워크 효과는 배타적 네트워크 효과와 포용적 네트워크 효과로 분류할 수 있다. 배타적 네트워크 효과는 특정 네트워크 내에서만 가치가 발생하고, 다른 네트워크와의 호환이 제한된다. 포용적 네트워크 효과는 여러 네트워크 간의 상호 운용성을 보장한다. 배타적 네트워크 효과는 대개 네오 하이스트리트에서, 포용적 네트워크 효과 주로 메가 하이스트리트에서 나타난다.

메가 하이스트리트에서 파사드는 브랜드의 막강한 경제력과 전통적 권위를 확증하는 수단으로 활용된다. 이는 가장 비싼 땅에 자기 깃발을 꽂는 상징 행위에 가까운데 브랜드의 시장 지배력을 공식화하는 것이다. 애플, 나이키와 같은 메가 브랜드들은 전 세계 매장에서 동일한 깃발, 즉 일관된 파사드 디자인을 통해 글로벌 브랜드 이미지를 강화한다. 전 세계 소비자들에게 동일한 브랜드 가치와 메시지를 명확하게 전달함으로써 브랜드 인지도와 신뢰도를 일관되게 구축한다.

네오 하이스트리트에서는 사람들에게 강렬한 인상을 남기고 경쟁사와의 시각적 차이를 구분 짓는 파사드가 전략적 가치를 갖는다. 탈관습적이고 실험적이며 창의적인 파사드는 브랜드의 철학과 개성을 표현하는 캔버스이자 정보 창발의 메신저다.

성수의 탬버린즈 플래그십은 공사 과정부터 최종 하드웨어가 등장하기까지 화제가 되었다. 지하를 제외하고 건물 외관에 콘크리트 골조만 남겼는데, 그 모습이 세월의 풍화로 살점이 삭아 없어진 거대한 짐승의 뼈대 같다. 건물의 구조체만 남기고 천장과 벽체는 투명 유리로만 구성해 깊이감 있고 기묘한 신비감이 감도는 파사드를 완성했는데, 그 결과물이 성수동의 신축 건물과 확연히 구별되며 브랜드에 관한 궁금증을 자아 내기에 충분했다.

콘크리트 골조만 남긴 외관으로 화제가 된 탬버린즈 성수 플래그십 스토어. ©Tamburins

성수나 한남과 같은 네오 하이스트리트에서 파사드는 브랜드가 소비자와 나누는 첫 시각적 대화의 장이자, 주변 환경과의 상호 작용을 통해 장소성을 재구성하는 도시의 텍스트다. 파사드는 때로 거리의 미적 문법을 해체하며 일상 풍경에 예술적 개입을 시도한다. 젊은 소비자들이 몰리는 이 지역에서 파사드는 이색적인 감성 경험을 창출하는 첫 관문이자, 브랜드의 고유한 스토리를 전달하는 시각적 선언문이다. 변화무쌍한 소비자 취향과 트렌드를 반영하는 측면에서 파사드는 고정된 실체가 아니다. 계절마다, 혹은 특별한 이벤트마다 약간씩 모습을 달리하며 브랜드와 소비자 간의 지속적인 대화를 이끌어 낸다.

04 **미래형 파사드**

　　　　　　　　라스베이거스의 스피어Sphere는 세계 최대 규모의 돔형 엔터테인먼트 공연장이다. 높이 112미터, 지름 157미터에 달하는 대형 공연장에는 자유의 여신상이 너끈히 들어간다고 한다. 지구를 축소하거나 지구본을 확대해 놓은 모양의 이 공연장은 지구인 1만 8,600명을 수용할 수 있다. 콘서트, 스포츠 경기, 콘퍼런스 등 다양한 이벤트가 열리는 스피어의 가장 큰 특징은 외벽 전체가 약 120만 개의 LED 광원으로 덮여 영상과 이미지를 실시간으로 송출할 수 있다는 것이다. 스피어는 건물 자체가 디스플레이화된 사례로, 건물의 하드웨어와 소프트웨어에서 동시에 콘텐츠를 발신한다.

　　스피어의 사례처럼 엔터테인먼트화된 미디어 파사드는 공공

(위) LED 스크린 102만 개로 외벽을 뒤덮은 스피어는 세계 최대 규모의 옥외 LED 스크린을 갖춘 공연장이다.
(아래) TSX 브로드웨이의 야외무대. 대형 자동문 개폐식으로, 이곳에서 열리는 공연은 타임스퀘어 전체에서 볼 수 있다. ©TSX Broadway

정보, 예술 작품 등 다양한 콘텐츠를 실시간으로 전달하는 플랫폼이다. 송신자 중심의 일방통행식 소통을 벗어나 관객, 즉 소비자가 적극적으로 콘텐츠에 반응하고 참여하게 하는 소통 채널이기도 하다. 또한 미디어 파사드는 상품 소개, 판매 촉진 캠페인, 소비자 참여 행사 등 다채로운 마케팅 전략에 접목되어 브랜드 경쟁력을 강화하는 수단이 되고 있다.

맨해튼 타임스퀘어 중앙에 위치한 TSX 브로드웨이는 지하 2층, 지상 46층에 달하는 초고층 복합 상업 시설이다. 쇼핑, 숙박, 예술 공연을 한 곳에서 즐길 수 있는 다차원적 엔터테인먼트 플라자로 타임스퀘어의 대표적 명소로 손꼽힌다. 100여 년의 유구한 역사를 지닌 브로드웨이 공연장을 3~8층에 유치함으로써 맨해튼의 문화적 명맥을 잇는 한편, 건물 상층부에는 힐튼의 라이프스타일 호텔을 배치해 투숙객 모두가 타임스퀘어의 화려한 도시 풍경을 조망할 수 있도록 설계했다.

TSX 브로드웨이의 꽃은 초대형 LED 미디어 파사드다. 건물 외벽을 감싸는 약 1,670제곱미터 규모의 랩어라운드 LED 디스플레이가 현존하는 최고의 화질로 영상을 송출한다. 또한 약 370제곱미터 규모의 야외무대를 미디어 파사드와 접목해 화제가 되기도 했다. 이 엔터테인먼트 공간에서 K팝의 새로운 이정표를 세운 BTS의 정국이 사전 고지 없는 서프라이즈 공연을 펼쳐 순식간에 엄청난 군중을 끌어모았다.

TSX 브로드웨이는 리테일테인먼트retailtainment, 즉 소매업의 쇼

비즈화라는 트렌드를 대표한다. 리테일테인먼트는 쇼핑과 엔터테인먼트의 융합을 통해, 오프라인 리테일에 방문하는 행위를 하나의 공연 체험으로 승격시킴으로써 온라인 리테일이 구현할 수 없는 차별화된 경험을 제공하는 비즈니스 전략이다. TSX 브로드웨이 인근의 리테일이 TSX 공연 프로그램에 맞춰 영업 전략을 조정한다는 점은 미디어 파사드가 상업 지구 전체에 지대한 영향을 미치는 결정적 변수라는 사실을 방증한다.

파사드의 진화는 리테일의 진화와 맥을 같이한다. 상당수의 투자자와 리테일 관계자는 파사드를 장기적 수익 창출과 부동산 가치 상승에 영향을 주는 요인이라 판단해 투자를 아끼지 않고 있다. 파사드는 오프라인 리테일의 존속과 성장을 주도하는 자산으로 그 전략적 가치는 확대될 전망이다.

무신사가 증명한
파사드의 마케팅 레버리지

무신사 오프라인 총괄 박지원 실장

부동산은 현실이다. 높은 인지도에 아름다운 세계관을 가진, 심지어 남녀노소 모두가 주목하는 온라인 기반 브랜드가 있다고 하자. 이 브랜드가 최초로 오프라인 매장을 내려고 한다. 들어가고 싶은 상권도 있다. 자본도 충분하다. 그런데 매장을 내지 못한다. 왜? 입점할 건물이 마땅히 없기 때문이다. 젊고 스펙 좋고 일머리까지 있어도 취직할 회사가 없어 능력을 발휘하지 못하고 있으면 어쨌거나 취준생인 것처럼, 제아무리 잘나가는 온라인 기반 브랜드도 자리를 찾지 못하면 오프라인 정체성을 가질 수 없다. 특정한 시간에 특정한 공간을 점유해야만 하는 부동산은 현실이다.

성수 하면 떠오르는 여러 브랜드가 있는데, 그중 하나가 무신사다. 온라인 패션 플랫폼 강자인 무신사가 오프라인 거점으로 하필 성수를 선택한 이유는 무엇일까? 브랜드 아이덴티티를 고려한 전략적 선택이라 해도 틀린 답은 아니지만, 그보다 우선하는 현실적인 이유가 있다. 사실 무신사 입장에서도 여타의 IT기업들처럼 강남 테헤란로에 오피스를 마련하는 것이 매우 타당했었다. 그러나 사옥을 마련하는 동시에 자산의 장·단기적인 가치 상승 요소를 매우 깊게 고민했고, 당시 성수의 땅값은 강남의 5분의 1 수준인 반면, 오르막길 없는 평지에 번화가가 크고, 강남과 가까우며, 대중교통편도 훌륭하다는 점에서 성수 땅이 가진 가치는 강남의 70퍼센트 이상이라고 판단해서다. 그렇게 무신사는 성수에 자리를 틀고 나날이 세력을 확장하고 있다.

무신사가 성수를 거점으로 성장 중이라 최초의 오프라인 매장도 성수에 냈을 거라 생각할 수 있지만, 그렇지 않다. 첫 오프라인 매장인 무신사 스탠다드는 홍대 대로변에 냈다. 그렇다면 온라인 패션계의 거대 공룡인 무신사는 왜 오프라인 매장을 냈을까? 타깃 고객층을 고려할 때 메가 하이스트리트가 아닌 네오 하이스트리트를 선택할 법한데, 왜 하필 홍대였을까? 무신사의 첫 오프라인 매장의 위치 선정은 단지 판매를 위한 공간이 아니라 브랜드 노출과 오프라인 마케팅 효과를 고려한 결과였다. 마케팅 효율을 높이려면 메가 하이스트리트의 보장된 트래픽과 유동 인구와 생활 인구의 안정적 흐름이 중요했고, 젊고 트렌디한 이미지를 가진 홍대가 제격이었다.

무신사 오프라인을 총괄하는 박지원 실장은 "지나가는 사람들에게 브랜드를 '폭력적으로' 노출하는 효과를 가진 물리적 공간의 가치에 주목"했다고 말한다. 부동산은 움직일 수 없는 자산이다. 부동산의 고정성에 마케팅 가치를 부여해 파사드의 주목도를 강화한 것이다. 박 실장은 온라인 마케팅 비용과 오프라인 매장의 경제성을 정밀하게 비교·분석했다. 온라인 퍼포먼스 마케팅을 기준으로 할 때, 배너 광고를 한 번 클릭할 때 플랫폼에 지불하는 비용은 약 400원이다. 하루 평균 2,000~3,000명이 매장을 방문하는데 달로 환산하면 최소 6만 명이다. 오프라인 매출액을 고려할 때 매장 입장객 한 명당 약 2,000원의 광고 효과가 있고, 월 1억 2,000만 원 상당의 광고 효과를 창출한다는 결론에 이르렀다. 임대료를 지불하고도 남는 마케팅 효율이었다.

구매 전환율도 온라인 대비 오프라인이 다섯 배 높았다. 온라인 광고 배너를 100명이 클릭하면 단 한 명이 제품을 구매하는데, 홍대 매장에 100명이 입장하면 다섯 명이 제품을 구매했다. 브랜드 파사드가 단순한 시각적 노출을 넘어 실질적인 판매로 이어지는 효과를 입증한 것이다. 현재 무신사 오프라인의 구매 전환율은 15퍼센트에 이른다.

무신사는 홍대전을 오픈할 때, 공간을 비워 놓고 상품 간격을 넓게 하는 '갤러리형' 매장 운영 전략을 채택했다. 이는 오프라인 매장을 통해 온라인 쇼핑을 유도하는 쇼룸에 가까웠다. 그런데 홍대, 강남, 부산 서면 등으로 매장을 확장하며 실험한 결과, 상품을 빽빽하게 전시할수록 매출이 증가한다는 사실을 발견했다. 실제로 강남점을 갤러리형 매장에서 상품 진열형 매장으로 리뉴얼한 후에는 매출이 약 15퍼센트 상승했다.

오프라인 매장의 브랜드 노출 효과는 시각적 인식을 넘어 브랜드 자산 구축의 새로운 동력이 되었다. 무신사는 파사드 효과가 얼마나 강력한지, 이를 어떻게 정량적인 마케팅 가치로 환산할 수 있는지를 보여 준다.

임대료를 단순 비용이 아닌 마케팅 투자로 재해석하며 오프라인 리테일의 전략적 가치를 재정립한 모범 사례다.

4장

팬데믹

**10년의 변화를 앞당긴
리테일계의 타임머신**

팬데믹은 오프라인의 패러다임과
리테일의 변화 속도를 앞당긴 타임머신이다.

01   리테일 생태계의 재편

2020년, 전 세계 쇼핑 거리는 고요했다. 명동의 화려한 네온사인은 어둠에 잠겼고, 뉴욕의 5번가는 철문으로 봉쇄되었다. 북적거리던 매장과 거리는 트라우마로 기억을 잃은 사람의 머릿속처럼 텅 비어 생기를 잃었다. 이제까지 만나 본 적 없는 바이러스의 공포가 하이스트리트를 덮칠 때, 유통 업계의 시간은 고장 난 시계처럼 빠르게 흘렀다. 10년에 걸쳐 일어날 산업의 변화가 단 몇 개월 만에 압축되어 나타났다. 온라인 시장의 판이 커졌고, 온라인와 오프라인의 시장 경계가 갈수록 희미해졌다. 오프라인의 작고 오래된 브랜드들이 스러지고 사라졌다. 시절이 어두워 그 새로움이 유난히 빛나던 신생 브랜드가 그 자리를 채웠다. 팬데믹은 소비자 행동, 유통 채널, 상권 가치를 재편했고, 변화한 상업 생태계는 일상의 표준이 되었다.

팬데믹은 오프라인의 패러다임과 리테일의 변화 속도를 앞당긴 타임머신이다. 어차피 당도할 시대의 변화야 막을 수 없겠지만, 팬데믹 이전의 속도라면 2030년 전후에야 볼 수 있었을 리테일의 변화가 부지불식간에 눈앞에 펼쳐졌다. 미국을 대표하는 럭셔리 백화점 니만마커스Neiman Marcus와 세계 최대 완구 전문점 토이저러스의 몰락은 팬데믹이 없었다면 더디게 진행되었을 것이다. 팬데믹의 영향으로 거대 기업뿐 아니라 수많은 자영업자가 폐업했다. 사회적 거리두기와 집합 금지 조치는 소규모 사업자들에게 직격탄이었다.

역설적이게도 이 시기에 자본 시장에는 돈이 넘쳤다. 미국의 달러 유동성 확대와 저금리 정책, 행정 당국의 막대한 재정 지원은 주식 시장의 호황을 이끌었다. 시장에 풀린 자금이 부동산 가격 상승으로 이어져 자산 격차를 심화시켰다. 국내외 펀드가 시장에 몰려들었고, 스타트업 업계에는 사상 초유의 투자 열풍이 불었다. 예컨대 온라인 기반의 패션 플랫폼인 무신사는 팬데믹 시기에 벤처캐피털 세쿼이아 캐피털 차이나Sequoia Capital China로부터 대규모 투자를 받으며 조직을 확장했다. 배달의민족, 마켓컬리, 쿠팡도 투자의 수혜자들이었다. 신규 패션 브랜드에도 투자금이 몰려 마땡킴, 마르디, 락피쉬웨더웨어 같은 온라인 기반 브랜드가 메이저 반열에 올랐다.

유동성 과잉은 팬데믹이라는 재난 상황에서 나타난 기이한 현상이다. 오프라인은 무너지고 있었지만, 온라인은 호황을 누렸다. 필수재를 포함한 대부분의 소비가 온라인으로 옮겨 갔고, 이는 디지털 리테일 생태계의 확장으로 이어졌다. 이 시기를 겪으며 투자자들은 오프라인 리테일 투자에 한층 보수적인 입장에 서게 되었다. 코로나19 이전에도 투자자들에게 오프라인 리테일은 '고위험 고수익'의 영역이었으나 팬데믹을 통해 '초고위험 초고수익' 영역으로 각인되었다. 오프라인 리테일 투자가 계산 가능한 위험에서 계산 불가능한 불확실성의 영역으로 이동한 것이다.

투자자들의 인식 변화는 주로 두 가지 측면에서 나타났다. 팬데믹은 인간의 힘으로 예측하거나 대비할 수 없는 극단적 위기 상황이었다. 투자자들은 갑작스러운 외부 변수가 오프라인 리테일의 매출 규모와 수익 구조를 급속히 위축시키고, 심각한 경우 오프라인 리테일의 존속 자체를 위협할 수 있음을 목격했다. 팬데믹 이후 예측 불가능성에 대한 투자자들의 민감도가 높아졌다.

다윈의 진화론적 관점에서 팬데믹은 적자생존 메커니즘을 강화했다. 디지털 전환이 빠른 기업은 생존하고 성장했으나 적응하지 못한 기업은 빠르게 도태했다. 마치 야구 경기에서 투수가 던진 공의 속도가 두 배 빨라진 상황과 유사하다. 빠른 공에 더 빠르게 적응해 타이밍을 조절하는 선수는 두려움 없이 안타를 치지만, 적응하지 못한 선수는 삼진을 당하고, 끝내 팀에서 퇴출된다.

팬데믹이 이끈 변화는 단순한 경기 침체가 아니라 리테일 생태계의 재편이었다. 엔데믹(풍토병화) 선언 이후, 오프라인 리테일은 회복기에 접어들어 완만한 상승세를 보여 왔다. 그러나 성장 추세가 정체되면서 하락 국면으로 전환되고 있다. 불황 장기화의 조짐이 분명해지고, 실제로 크고 작은 오프라인 리테일의 폐업률이 팬데믹 시기를 상회하고 있다. 업계 여기저기에서 한숨과 탄식이 끊이지 않는다. 시장 유동성이 축소되면서 투자자들은 더 완고하게 투자 기준을 상향하고 있다. 수익성과 비즈니스 지속성을 면밀히 모니터링하며, 데이터에 기반한 엄정한 검증 과정을 통과한 경우에만 투자하고 있다. 자본 유치에 성공한 기업들은 과감한 마케팅 투자와 사업 영역 확장을 통해 시장 점유율을 증대시키는 반면, 그렇지 못한 기업들은 생존 자체가 위태로워지는 시장 분절화 현상이 뚜렷하게 나타나고 있다.

02 **힘의 전환**

팬데믹 시기 리테일 환경에서 눈여겨볼 변화 중 하나는 명품 판매의 급증이다. 하늘길이 막히며 해외여행이 제한되고, 전염병 확산을 막기 위해 단체 활동이나 모임에 제동이 걸리자, 여행이나 외식에 사용하던 여윳돈은 럭셔리 상품 구매로 이어졌다. 흔히 '에루샤'로 통칭하는 에르메스, 루이비통, 샤넬과 같은 럭셔리 브랜드는 팬데믹 기간 중 역대 최고의 매출을 기록했다. 사회적 거리 두기의 피로감이 보복 소비로 이어졌고, 같은 시기 낮술 문화도 등장했다.

이 시기에 명품 브랜드와 백화점 간의 오랜 공생 관계에 근본적인 균열이 생겼다. 명품 브랜드들은 한국 시장에서 백화점이라는 유통 채널에 의존했다. 백화점이 유통의 절대 강자였기 때문이다. 백화점은 명품 브랜드에게 고급스러운 쇼핑 환경과 검증된 고객층을 제공했고, 명품 브랜드는 백화점에 소비력이 높은 고정 고객을 가져다주었다. 이 둘은 상호 의존적 파트너십을 형성했으나, 코로나 사태 이전의 협상력은 명백히 백화점에 기울어져 있었다. 명품 브랜드들은 백화점이 정한 조건을 따를 수밖에 없었고, 백화점의 보이지 않는 참견으로 청담동이라는 한국의 특수 상권을 제외하고 플래그십을 내는 게 어려웠다. 이런 연유에 반은 농담, 반은 진담으로 청담동을 '명품의 유배지'라 부르기도 했다.

그런데 팬데믹을 기점으로 권력의 무게추가 뒤바뀐다. 보복 소비의 영향으로 명품 브랜드 매출이 수직 상승하며 자본력이 강화되었다. 백화점은 방문객 감소, 그에 따른 매출 급감으로 어려움을 겪었다. 힘의 역학 변화는 명품 브랜드들이 백화점 바깥에서 독립적인 사업 기반을 구축하는 전환점이 되었다. 특히 새로운 소비자층, 즉 MZ세대를 겨냥한 명품 브랜드의 실험적 매장들이 네오 하이스트리트를 중심으로 등장했다.

디올 성수는 힘의 전환을 고지하는 표본이다. 청담동의 디올 매장과는 달리, 디올 성수는 파격적이고 포토제닉한 외관 설계로 젊은 소비자층의 관심을 끌었다. 마찬가지로 한남의 구찌 가옥은 브랜드의 예술적 비전을 공유하는 복합 문화 공간으로 운영되고 있다. 새로운 명품 플래그십은 백화점 내 매장과는 달리 브랜드가 원하는 대로 공간을 통제할 수 있다는 장점이 있다.

이뿐만 아니라 명품 시장에서 또 다른 중요한 변화가 있었다. 팬데믹 이전에는 한국 시장에 진출하지 않았던 고급 시계, 주얼리 브랜드들이 대거 한국에 매장을 열었다. 오데마 피게, 반클리프 아펠, 바쉐론 콘스탄틴 같은 브랜드들이 청담동을 중심으로 플래그십을 오픈했다. 호기가 찾아왔을 때 진취적으로 움직이는 것은 어떤 업종에서나 통용되는 불변의 법칙이다.

이러한 변화는 명품 브랜드가 더 이상 백화점에 종속된 관계에 있지 않고, 독자적인 유통 전략을 구사할 수 있는 위치에 올라섰다는 것을 의미한다. 백화점은 상황 변화에 대응하여 명품 브랜드에 매력적인 쇼핑 환경과 차별화된 인센티브를 제공하기 위해 막대한 지원을 아끼지 않고 있다. 2025년 봄에 문을 연 신세계백화점의 '더 헤리티지'는 옛 제일은행 본점 건물을 원형에 가깝게 복원한 복합 문화 공간이다. 이곳의 1, 2층에서는 국내 최대 규모의 샤넬 플래그십 부티크를 만날 수 있는데, 명품 브랜드를 향한 백화점의 적극적 구애를 보여 준다.

구찌 가옥. ©Gucci

옛 제일은행 본점 건물에 문을 연 더 헤리티지(위 사진의 오른쪽 건물). 4층에 위치한 더 헤리티지 뮤지엄에서는 제일은행 본점 시절의 역사를 살펴볼 수 있다. ⓒ신세계

0 3

전통 상권이 무너지고
신흥 상권이 도약한 이유

팬데믹의 영향은 상권의 유형에 따라 그 파급력이 달랐다. 달라도 너무 달라 그 차이가 흡사 죽음과 탄생에 견줄 만했다. 결론적으로 말하면, 팬데믹 시기에 대규모 유동 이동에 의존하던 전통적 상업 구역은 긍정적 미래를 상상하기 어려울 만큼 황폐화되었다. 반면 성수, 한남, 도산과 같은 트렌드를 선도하는 신흥 상권은 팬데믹 시기에 금빛 날개를 달고 급부상해 하이스트리트 반열에 올랐다.

팬데믹이 상권별로 차별화된 영향력을 행사한 이유는 무엇일까? 아마도 개별 상권의 특성, 주요 소비자층, 테넌트 구성, 무엇보다 내부 경제 구조의 차이 때문일 것이다. 임대료 체계, 소유 구조, 자본 집약도, 이해관계자들의 의사 결정 경향성은 상권의 보이지 않는 질서를 만든다. 시장의 보이지 않는 질서가 팬데믹 상황에서 하이스트리트의 대응과 회복력에 직접적인 영향을 미친 것이다.

메가 하이스트리트와 네오 하이스트리트는 팬데믹 이전 평당 임대료 수준이 달랐다. 명동의 경우, 임대료가 가장 높을 때 코너 건물 1층 임대료가 평당 월 300만 원에 육박했다. 보증금 역시 수억에서 수십억에 달했다. 2018년 임대차 계약법 개정 이후, 계약 기간이 10년 보장되며 테넌트 보호 조항이 강화되었다. 그전까지는 3~5년 계약이 일반적이었고, 중도 해지 시 위약금이 상당해 테넌트의 협상력이 제한적이었다. 경직된 임대 구조는 피치 못할 사정으로 매출이 급격하게 감소할 때 임대료를 조정하기 어렵게 만든다. 반면 팬데믹 이전 성수의 평당 임대료는 명동과 비교하는 것이 난센스일 정도로 낮았고, 보증금 수준도 마찬가지였다. 단기 계약도 더 흔하게 볼 수 있었다. 이런 유연성은 위기 상황에서 테넌트와 랜드로드 간의 위험 분담을 가능하게 했다.

메가 하이스트리트와 네오 하이스트리트는 부동산 소유 주체가 다르고, 투자 자본의 성격 또한 상이하다. 메가 하이스트리트의 부동산은 대부분 대형 건설사, 기관 투자자, 대기업, 또는 수십 년간 부동산을 보유해 온 대형 자산가의 소유다. 투자자는 목적과 목적 실현 수단이 일치한다. 오직 금융 자본의 논리만을 고려한다. 즉 수익을 최우선시하며, 투자금 회수 기간과 목표 수익률을 명확하게 설정한다. 의사 결정 과정이 복잡하고 이해관계자들의 승인이 필수적이어서 임대료 인하와 같은 긴급 상황 대응에 있어 결정이 느리고 보수적인 경향을 보인다.

　반면, 네오 하이스트리트의 부동산은 대개 지역 기반의 중소 규모 개인 건물주나 소규모 부동산 투자자가 소유한다. 성수는 공장 건물주나 지역 토착 부동산 소유주들이 많고, 한남은 재개발 이전부터 소유권을 유지해 온 개인 건물주가 주를 이룬다. 이들은 단기 수익보다는 장기적인 가치 상승에 관심이 있다. 의사결정 구조가 단순하고 개인적 판단에 따라 빠른 대응이 가능하기 때문에, 팬데믹과 같은 위기 상황에서 임대료 조정이나 한시적인 임대료 감면 같은 대처가 가능했다. 소유 구조의 차이는 위기 상황에서 이해관계자들의 대응 방식과 도의적 공생 가능성을 좌우한다.

　메가 하이스트리트와 네오 하이스트리트는 테넌트와 사업 모델도 다르다. 메가 하이스트리트는 다국적 기업, 대형 프랜차이즈, 국내 대기업 계열사가 테넌트의 상당 부분을 차지한다. 대형 테넌트는 본사 중심의 위계적 의사결정 구조를 가지고 있어 현장 대응이 느리다. 오프라인 매장의 판매 기능이 축소되었지만 유동 인구와 관광객이 많아 매장 판매 수익도 무시할 수 없었다. 네오 하이스트리트의 테넌트는 주로 독립 브랜드, 스타트업, 소규모 사업자다. 이들은 간결한 의사결정 라인을 통해 시장 변동에 유연하게 움직인다. 또한 브랜드 이미지를 구축하고 콘텐츠 크리에이티브 허브로 매장을 활용하는 경우가 대다수라, 일일 매출 목표에 대한 부담감이 상대적으로 적었다. 즉각적인 수익성보다 장기적인 고객 관계 구축에 집중할 여유가 있었다. 주 고객층인 MZ세대는 바이러스의 공포에서 상대적으로 자유로워 오프라인 매장을 즐겨 찾기도 했다.

    요컨대 메가 하이스트리트는 팬데믹 시기에 구조적 경직성 때문에 큰 타격을 입었다. 그러나 회복기에 접어들자 기존의 인프라와 인지도를 바탕으로 빠르게 반등했다. 위기를 디딤돌 삼아 한 단계 진화한 네오 하이스트리트는 현재도 그 역동적인 성장을 이어 가며 상권계의 새로운 지평을 열고 있다.

04 하이스트리트의 회복력과 성장력

팬데믹은 리테일 업계에 큰 상처를 남겼지만, 동시에 진화의 촉매제가 되었다. 전통적인 리테일 모델은 쇠퇴하고 O2O^{Online to Offline}, O4O^{Online for Offline}, 옴니채널^{Omnichannel} 등 새로운 형식의 비즈니스가 부상했다. 온라인과 오프라인의 경계는 더욱 모호해졌고, 소비자 경험의 중요성은 한층 강화되었다.

명동은 팬데믹 초기 외국인 관광객의 급감으로 심각한 타격을 입었다. 명동 상권은 특히 중국인 관광객 의존도가 높아 팬데믹 리스크에 취약했다. 2019년 기준 명동 매출의 약 70퍼센트 이상이 외국인 관광객에 의한 것으로 추정되는데, 화장품과 같은 뷰티 품목에 집중되어 있었다. 국경 봉쇄와 여행 제한으로 핵심 고객층이 사라지자 유동 인구의 90퍼센트가 사라졌고, 높은 임

팬데믹 종식 후 외국인 관광객이 돌아오면서 명동은 빠르게 전성기 때의 트래픽을 회복했다.

대료를 감당할 수 없는 매장이 문을 닫았다. 중국인 관광객을 주요 고객으로 삼은 코스메틱 프랜차이즈들은 점포 규모나 매장 수를 대폭 축소하거나 아예 폐점 절차를 밟았다.

명동은 '폐허'라 부를 만한 상황이었다. 지금도 생생하게 기억나는 것은 아디다스 플래그십 자리를 찾기 위해 해외 클라이언트가 명동을 방문했을 때다. 팬데믹 이전이었으면 사람이 들끓는 거리에서 클라이언트의 그림자도 찾아볼 수 없었을 텐데, 텅 빈 거리에서 300미터 이상 떨어져 있는 클라이언트를 어렵지 않게 발견할 수 있었고, 그들이 이동하는 모습을 실시간으로 볼 수 있었다.

해외 이동 제한이 완화되면서 명동은 기대 이상의 강인한 생명력을 증명했다. 2023년부터 외국인 관광객이 다시 한국을 찾기 시작하면서 명동은 활기를 되찾았다. 이는 명동이 가진 하이스트리트로서의 고유한 자원 때문일 것이다. 상권의 역사, 국제적 인지도, 접근성, 다종다양한 앵커, 호텔을 비롯한 편의 시설이 여전히 강력한 매력 요소로 작용했기 때문이다.

홍대는 명동에 비해 상대적으로 소비자의 내국인 비중이 높아 타격이 덜했다. 20대 젊은 층이 상권의 주 수요자라 팬데믹 시기에도 일정 수준의 방문객을 유지할 수 있었고, 풋라커, 나이키, 컨버스 등 글로벌 브랜드 플래그십이 입점하며 그나마 활기를 잃지 않았다. 그러나 홍대의 상업적 매력을 견인하던 음악 공연과 유흥 문화가 사회적 거리두기로 중단되면서 전체적인 활력이 떨어지긴 했다.

강남권은 상대적으로 회복이 느렸다. 강남역 일대는 오피스와 상업 시설이 혼합된 복합 상권이다. 팬데믹 시기에 재택근무의 확산으로 오피스 근로자들의 출근이 감소하면서 주간 유동인구가 급감했다. 엔데믹 이후에도 회복이 가장 더딘 상권이었지만, 햄버거 프랜차이즈와 K클리닉이 대거 유입되면서 새로운 활력을 찾고 있다. 의료 관광은 팬데믹 이후 빠르게 회복된 분야 중 하나다. 특히 피부 클리닉은 피부 미용에 관심 있는 외국인 방문객들의 수요가 폭증하며 리테일 관계자들의 초미의 관심사가 되고 있다. 강남역 주변 빌딩 상층부에는 다양한 피부과 의원들이 밀집해 의료 클러스터를 형성하고 있다.

나는 자주 메가 하이스트리트는 500년 된 소나무와 같다고 말한다. IMF, 메르스, 사드 사태 등 수많은 위기가 이 거리를 덮쳤지만 메가 하이스트리트는 살아남았다. 오래된 상권은 구력이 단단해 쉽게 무너지지 않는다. 명동은 지난한 현대 경제사를 관통하며 여러 차례 위기를 극복했다. 비즈니스 관계망이 다층적으로 융합되어 있고, 다양한 이해관계자들이 공존하며, 상권 자체의 브랜드 가치가 높기 때문에 심각한 위기 속에서도 리스크를 분담하며 자생력을 유지할 수 있었다.

재차 강조하듯, 전염병의 그늘 속에서도 네오 하이스트리트는 가속 페달을 밟은 차량처럼 전진했다. 팬데믹 이전에도 이미 성장 궤도에 올라가 있던 성수, 한남, 도산은 코로나19 상황에서 새로운 기회를 포착하며 발전했다. 유동성 확대로 인한 자본의 유입, 바이러스보다 무료함과 고립감의 공포가 더 위협적인 젊은 소비자들의 지속적인 방문이 고속 성장의 배경이 되었다.

실제로 2020년부터 2022년까지 벤처캐피털 투자는 역대 최고 수준을 기록했는데, 패션 테크와 푸드 테크 분야의 스타트업이 혜택을 보았다. 29CM와 같은 온라인 플랫폼은 이 시기에 대규모 투자를 유치하며 성장했다. 젊은 소비자들은 온라인 브랜드가 만든 최초의 오프라인 리테일을 적극적으로 방문했다. 멋진 공간에서 사람과 사람이 만나 유대하고자 하는 욕구는 팬데믹 시기라서 절실했고, 이는 네오 하이스트리트의 독특하고 미학적인 공간이 인기를 얻는 원동력이 되었다. 물질적 소유보다 특별한 순간과 감각을 수집하고자 하는 소비자 심리도 네오 하이스트리트의 성장 동인이었다.

작은 눈덩이를 눈밭에 굴리면 점점 커진다. 오프라인과 온라인 채널이 각각의 장점을 결합할 때 브랜드 인지도가 오르고 매출이 커지며 큰 성과로 이어진다. 즉 새로운 브랜드가 들어서고 사람들이 모이면, 또 다른 브랜드들이 들어오고 더 많은 사람이 방문하는 선순환이 일어난다. 상권 내 브랜드와 방문객이 증가할수록 상권의 가치와 매력도 증가한다.

해외 방문객들의 발걸음까지 더해지면서 네오 하이스트리트는 확대·발전을 거듭하고 있다. 특히 성수는 2024년 세계적 명성의 영국 라이프스타일 매거진 《타임아웃》이 발표한 세계 최고 핫플레이스 목록에서 4위를 기록했다. 한남은 K패션의 메카로 자리매김했다. 도산은 럭셔리한 기품과 힙한 감성이 공존하는 독보적 매력으로 내국인과 외국인 모두의 호기심을 자극하고 있다.

5장

레이어

상권 경쟁력을 만드는
시간과 문화의 결

상권은 시대의 변화를 담아내는 얼굴이다.

0 1 　　　**상권의 생애 주기**

모든 인간은 생일이 있다. 태어나지 않고 세상에 있는 사람은 없다. 정치학자 한나 아렌트는 인간이 이 세계 안에서 태어난다는 사실에 주목해 탄생성natality 개념을 고안했다. 새롭게 시작할 수 있는 인간의 고유한 능력, 즉 창조적 가능성이 그가 말하는 탄생성의 의미다. 인간은 자기 삶을 적극적으로 창조할 때 자유롭다. 자유는 죽음이 아니라 탄생과 맞닿아 있다. 인간이 치열하게 일구어 낸 탄생성의 결과물 중 하나가 상권이다.

상권의 탄생은 인간의 탄생처럼 그 시원을 정확히 밝히기 어렵다. 상권은 특정한 날에 시작된 사건이 아닌 자연발생적 현상이기 때문이다. 나는 강연 자리에서 상권은 유기체적 특징을 갖는다고 줄곧 말한다. 인간이 시간의 역사가 새겨진 몸이라면, 상권은 시대의 변화를 담아내는 얼굴이다. 인간만큼 복잡하지 않아도 상권은 시간과 시대와 호흡하며 발달한다. 그래서 인간의 생애 주기와 마찬가지로 일정한 발달 단계를 거친다. 그 과정에서 상권은 자기만의 개성이 생긴다. 이 개성의 획득 과정에서 상권의 고유한 레이어가 축적된다.

인간의 생애 주기를 거칠게 요약하면 4단계로 구분할 수 있다. 바로 유아기, 청소년기, 성년기, 노년기다. 상권의 시작은 대개 F&B를 통해 이루어지는데, 카페는 상권 형성의 선구자 역할을 한다. 카페 없이 뜨는 상권은 없다는 것이 업계의 정설이다. 상대적으로 낮은 자본으로 창업할 수 있어 시장 진입 장벽이 낮은 편이기도 하다. 카페는 사람들이 모여 시간을 보내는 일상의 공간이자 공공성을 가진 제3의 공간이기도 하며, 탐방 온 방문객에게 상권의 거점 역할을 하는 앵커이기도 하다. 성공한 카페들이 속속 등장하면 식당과 레스토랑이 뒤따라 입점해 F&B 생태계가 만들어진다.

아이가 젖병을 뗀 뒤, 밥을 먹고 무럭무럭 자라 사춘기에 접어들면 거울을 보기 시작한다. F&B로 트래픽이 안정적으로 생기면 상권은 청소년기로 접어드는데, 이 단계의 핵심 특징은 부티크 패션 매장과 개인 편집숍이 입점한다는 것이다. 패션업이 등장하면 상권에 독특한 개성이 강화된다. 이어 화장품 브랜드도 등장한다. 화장품 매장은 제품의 크기가 작아 매장 면적이 좁

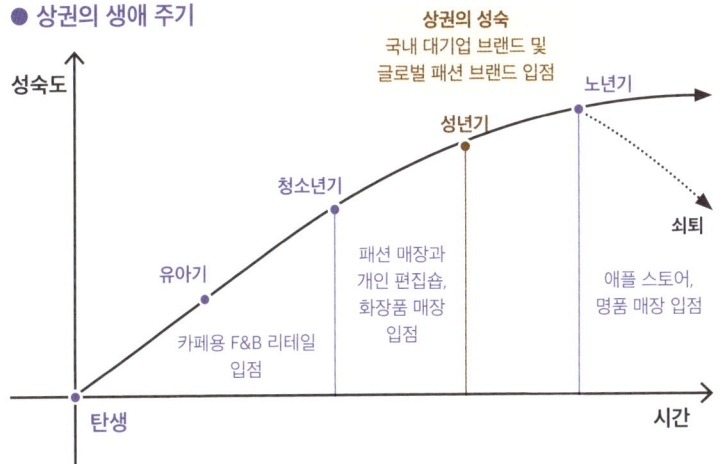

아도 운영하는 데 무리가 없다. 매장 면적이 좁다는 것은 초기 임대료 부담이 적다는 것을 의미한다.

성년기에 접어들어 상권이 더 성숙해지면 국내 대기업 패션 브랜드들이 진입하고, 이어 글로벌 패션 브랜드들이 따라 들어온다. 성년기 단계에서 본격적으로 하이스트리트의 명암이 분명하게 드러난다. 상권의 경제적 가치가 오르며 임대료가 급격하게 상승하고, 방문객 수와 소비 규모가 증가하면서 매장 규모도 함께 확장된다. 동시에 기성 브랜드가 상권에 파고들며 상권의 고유한 특색이 희석되기 시작하고, 상권 형성 초기부터 자리를 지켜 온 일부 소규모 업체들이 높아진 임대료를 감당하지 못하고 밀려나는 젠트리피케이션이 나타난다.

노년기는 인간의 최종 성숙 단계다. 상권이 정점으로 발달하면 애플스토어나 삼성스토어 같은 대형 플래그십과 샤넬, 크리스챤 디올, 구찌 등의 명품 브랜드가 입점한다. 평당 임대료가 최고치에 도달하고, 대형 건물 전체나 가시성이 높은 저층부를 단일 브랜드가 사용하며 메가 브랜드의 힘과 권위를 과시한다. 브랜드 경험이 판매 기능보다 중시되지만, 공간이 주는 만족감은 자연스레 판매로 이어지기에 세일즈 기능도 여전히 살아 있다. 이때 상권은 최대 규모로 성장하고 글로벌 하이스트리트의 영향력을 갖지만, 초기의 독특한 매력은 거의 찾을 수 없게 된다.

　안타깝게도 세상 모든 상권이 노년기에 들어서지는 못한다. 성숙을 완성하거나 완성할 가능성이 있는 상권은 손에 꼽힌다. 가로수길처럼 상권 성숙의 최종 단계까지 발달했다가 급격히 쇠

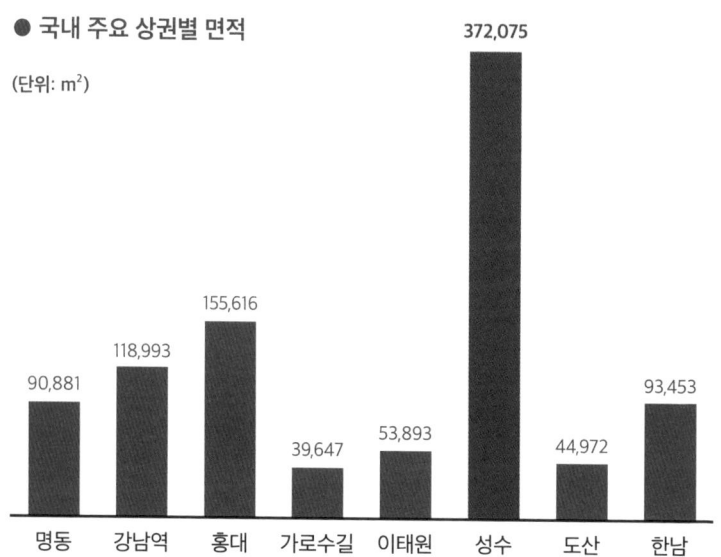

● 국내 주요 상권별 면적

(단위: m^2)

무신사 편집숍이 된 대림창고.

퇴하는 사례도 있다. 가로수길은 애플스토어 1호점이 입점한 트렌디 상권의 대명사였으나 지나치게 높은 임대료와 젠트리피케이션, 팬데믹 악재, 그로 인한 방문객 감소로 상권의 명성과 영향력이 퇴색했다. 팬데믹 이후 6대 하이스트리트는 공실 문제를 해결했으나 가로수길은 오히려 공실률이 상승하고 있다.

현재 가로수길에 가 보면 과연 이 거리가 예전의 영광을 찾을 수 있을지 의구심이 들 것이다. 나는 현재 가로수길이 팬데믹 시기의 명동처럼 최저점을 찍은 상태라 판단한다. 비어 있는 상가가 많은 건 사실이지만 눈 밝은 투자자는 가로수길의 현재를 기회로 보며, 매매 계약도 속속 이루어시고 있다. 또한 애플, 코스

디올, 무신사 등 각종 브랜드의 플래그십 스토어가 모여 있는 연무장길. 단기간에 비약적으로 발전한 성수는 평일 낮 시간에도 인파로 붐빈다

등 명성 높은 글로벌 브랜드가 여전히 성업 중이고, 도로 환경이 질서 있게 구축되어 왕래하는 인파를 쾌적하게 수용한다.

상권의 생애 주기를 파괴하는 예외적인 사례도 있다. 성수는 일반적인 상권 발달 패턴을 따르지 않고, 압축적 성장 가도를 달렸다. 유아기에서 성년기까지의 상권 성장은 10년 이상 걸리는데 성수는 오랫동안 유아기에 머물다 급격히 성장해 상권 발달의 최고 단계로 들어섰다. 대림창고와 같은 상징적 앵커, 디올 성수가 대표하는 럭셔리 브랜드의 전략적 진입, 패션 플랫폼계의 공룡이 된 무신사의 오프라인 확장, 정보와 콘텐츠 발신의 미디어가 된 팝업 문화가 성수의 놀라운 도약을 이끌어 냈다.

과연 성수의 성장이 어디까지 이어질까를 두고 업계 사람들의 갑론을박이 끊이지 않는다. '성수는 끝났다'와 '성수는 지금부터다'의 견해차는 엔디비아와 테슬라 주가를 두고 설왕설래가 끊이지 않는 것과 유사하다. 나는 성수의 미래를 긍정한다. 성수는 동서 연무장길이 포화 상태에 이를 만큼 변화했지만, 면적이 워낙 넓어 개발할 땅이 충분하다. 크래프톤을 필두로 한 IT 기업의 진출로 조성되는 오피스 타운, 소비력을 가진 젊은 상주인구의 유입, 고급 주거의 확장은 안정적인 트래픽을 보장할 것이다. 성수의 성장은 당분간 계속될 것 같다.

0 2	**메가와 네오,**
	유한계급과 야망계급

상권의 층위는 다양한 기준에 따라 나뉠 수 있다. 규모, 물리적 거리, 소비자 점유율, 소비자 행동 패턴, 유동인구의 특성, 지역 환경 등이 상권의 층위를 나누는 요인이다. 예컨대 규모에 따라 대형 상권(전국 또는 광역적 범위에서 소비자를 유인하는 상권), 중형 상권(구 단위나 지역 중심지에 형성된 상권), 소형 상권(동네 단위의 근린 생활권 상권)으로, 거리에 따라 1차 상권(점포를 중심으로 반경 내에서 전체 고객의 최대 70퍼센트가 유입되는 핵심 상권), 2차 상권(1차 상권 외곽에 위치하며 전체 고객의 약 25센트를 차지하는 상권), 3차 상권(가장 외곽에 있는 영역으로, 잠재적 고객층을 포함하는 상권)으로 분류하는 식이다. 또 주변 환경에 따라 오피스 상권, 주택가 상권, 상업 집적 상권, 역세권 상권으로도 나눌 수도 있다. 내가 이 책에서 강조하

고자 하는 상권의 레이어는 개별 하이스트리트의 아이덴티티를 만든 역사적·문화적 축적의 양상이다. 그리고 하이스트리트를 향유하는 소비층과 하이스트리트의 경험을 제공하는 공급자의 계급적 특징이다.

상권은 투자자, 랜드로드, 테넌트, 사용자의 복합적 상호 작용이 만들어 내는 에너지의 활동 무대다. 복합적 상호 작용은 물질적·정신적·문화적 결과물을 만든다. 메가 하이스트리트에서는 역사적 경험의 레이어인 축적성이, 네오 하이스트리트에서는 문화 변동성과 화제성이 두드러진다. 축적성이란 시간의 흐름에 따라 쌓인 역사적 경험과 문화적 전통이 상권의 정체성으로 응고된 특성을 의미한다. 변동성은 현대적 트렌드와 결합하며 기존 상권의 뼈대와 색깔을 파괴하고 재창조하는 유동적 특성을 말한다. 두 레이어는 테넌트 구성이나 건물의 하드웨어를 넘어 상권에 내재된 색깔, 내부 권력 구조, 아이덴티티를 형성하는 바탕이 된다.

나는 메가 하이스트리트와 네오 하이스트리트의 특징을 사회 경제 계층 분석의 틀로 이해할 수 있다고 본다. 메가 하이스트리트는 소스타인 베블런이 《유한계급론》에서 주장한 과시적 소비를 실천하는 전통적 유한계급의 특성을 보인다(명동, 홍대, 강남 외 청담이라는 특수한 메가 하이스트리트를 떠올리면 이해가 빠를 것이다). 베블런은 19세기 말 미국의 산업화와 급격한 부의 확대가 만들어 낸 유한계급이 어떻게 자신의 지위를 드러내는지 분석했다. 이들은 재력과 사회적 위상을 노골적으로 과시하기 위해 고급 상품을 구매하고, 노동 없이 누리는 여가 활동을 전시함으로써 계급적 특권을 가시화한다.

과시적 소비란 실질적 유용성이나 경제적 이득보다는 주변 사람에게 자신의 부유함과 신분을 명시적으로 보여 주고, 사회적 평판과 인정을 받기 위한 소비 행위다. 따라서 상품의 본질적 가치보다 그것이 전달하는 사회적 신호가 중요하다. 이는 메가 하이스트리트에서 두드러지게 나타나는데, 명동과 강남 일대의 백화점 쇼핑, 청담의 명품 소비 등은 값비싼 제품을 구입해 우월한 경제력을 선보이고 사회적 지위를 확보하는 베블런식 소비 행태의 본보기다. 메가 하이스트리트는 오랜 시간 축적된 상권의 위상과 문화적 전통을 바탕으로 사회적으로 인정받는 소비 활동의 무대를 제공한다.

네오 하이스트리트는 미국 서던캘리포니아 대학교 공공정책학 교수인 엘리자베스 커리드핼킷Elizabeth Currid-halkett이 《야망계급론》에서 역설한 '비가시적 차별'을 추구하는 계층의 특성을 보인다. 커리드핼킷은 현대의 엘리트층이 단순한 물질적 과시가 아니라 문화적 지적 자본을 통한 차별화를 추구한다고 본다. 21세기의 신흥 엘리트들은 명품 가방이나 고급 시계 같은 노골적인 재력의 표식보다 유기농 식품, 독립 출판물, 윤리적 소비처럼 특정한 문해력과 감식안이 요구되는 소비 행위를 통해 자신의 계급적 좌표를 설정한다. 산업적으로 복제된 명품보나 세한직 집근성을 지닌 차별화된 경험과 독창적 상품을 선호한다. 예컨대 대형 체인 호텔보다 정보에 밝은 소수자만이 아는 숨겨진 부티크 호텔을, 럭셔리 브랜드보다 로컬 브랜드가 만든 희소한 소품이나 가구를, 미슐랭 인증 고급 다이닝보다 문화적 코드를 공유하는 이들 사이에서만 회자되는 숨겨진 미식 공간을 찾는다.

'무엇을 소비하는가'가 아니라 '어떻게 소비하는가'를 통해 차별화를 추구한다는 점에서 야망계급의 소비는 매우 정교하다. 겉으로는 평등과 개방성을 내세우나 실상은 특수한 정보 채널과 문화 자본, 미적 감각, '인맥'이라는 사회적 네트워크에 접근 가능한 소수만이 참여하는 배타적이고 닫힌 소비 세계를 주조한다. 재화의 희귀함보다 문화적 통찰력과 지적 자산을 통해 더욱 침투하기 어려운 사회적 울타리를 쌓는다.

인류학자 피에르 부르디외는 사회 계급이 경제적 차이를 넘어 취향, 생활 양식, 문화적 실천 등을 통해 구분된다고 주장한다. 네오 하이스트리트는 문화적 아비투스habitus를 바탕으로 한 신흥 문화 엘리트 계급의 색깔이 상업 활동지 안에서 물리적으로 발현된 사례다. 정통 상권과 구별되는 건물의 하드웨어, 독특한 파사드, 자의식 넘치는 테넌트의 아성뿐 아니라 해당 공간을 향유하는 소비자의 문화 코드와 생활 양식이 상권의 가치를 결정한다. 특별한 미감과 취향을 통해 대중, 기성 문화와 경계를 설정하는 엘리트 의식이 네오 하이스트리트의 무형적 질서를 구축한다.

03 **한국 경제의 살아 있는 유산,
명동**

　　　　　　　메가 하이스트리트는 상권 생애 주기 이론을 충실히 따라 오며 만들어진 오래된 상권의 색깔이 있다. 홍대는 젊고 삼사적인 갬피스 상권으로, 밀레니엄을 전후해 번성한 언더그라운드 음악 신과 개인의 기호를 존중하는 문화적 포용성이 두드러진다. 강남은 서울 3대 오피스 권역인 강남 비즈니스 디스트릭트Gangnam Business District, GBD의 영향으로 젊은 세대뿐 아니라 기성세대도 상권의 주요 소비자로 자리 잡은 매스 상권이다. 이제부터 메가 하이스트리트의 대표 주자인 명동의 역사적·문화적 축적의 양상을 살펴보겠다. 김미선 경제사학자가 《명동 아가씨》에서 거론했듯이 "명동의 장소성을 밝히는 작업, 명동을 이해하는 것은 한국의 소비문화사를 이해하는 단초"가 될 수 있기 때문이다.

명동은 한국 경제 성장을 압축적으로 보여 주는 전시장이자 서울의 활력소로 시대 변천에 따라 부단히 새로운 모습을 갖춰 왔다. 조선 시대 주택가에서 시작해 글로벌 쇼핑의 허브로 변모한 명동의 역사에는 한국 경제의 성장과 변화가 아로새겨져 있다. 명동의 시작은 소박했다. 조선 시대 명동은 '명례방골' 또는 '종현'이라 불리던, 가난한 선비들이 모여 사는 조용한 주택지였다. 서울 중심부였지만 당시 지금과 같은 번화가의 모습은 찾아 볼 수 없었다.

조선이 비운의 막을 내리고 일제 강점기에 들어서자 명동은 큰 변화를 겪었다. '명치정'이라는 새 이름으로 불리게 된 명동은 상업 활동의 구심점으로 도약을 시작한다. 일본인과 중국인 상인들이 모여들면서 국제적인 상권의 면모를 갖추었고, 충무로 일대와 함께 개발되면서 '경성'이라 불리던 서울의 핵심 상권으로 활기를 띤다. 이 시기에 동양권과 서구권의 상거래 양식이 혼융된 쇼핑 지대가 탄생한다.

광복 이후와 한국 전쟁의 혼란기를 거친 후, 명동은 1950년대부터 1970년대까지 상업 도시 인프라를 빠른 속도로 구축한다. 고층 빌딩, 백화점, 금융 기관, 쇼핑센터 등이 들어서며 내국인과 외국인 모두가 명동 거리를 즐겨 찾았다. 지금은 연극, 음악, 미술 등 예술 분야별로 특화된 지역이 분산되어 있지만, 그 시절 명동은 명동국립극장(현 국립극단 명동예술극장)을 구심점 삼아 각종 문화 단체와 시설이 응집해 있었다. 다방과 술집이 예술인들의 아지트였는데 문인, 화가, 연극인, 음악가들이 교류하며 예술적 영감과 창작의 공간으로 활용했다. '명동백작'으로 불린 이봉구를 비롯해 이상, 박인환, 김관식, 전혜린 등의 빼어난 작가들이 이 시기에 활동했다. 서양의 트렌드가 최초로 상륙하는 창구 역할을 하며 양장점, 양복점, 양화점, 미장원 등 최신 유행을 이끄는 소비 공간이 줄지어 들어섰다. 여성의 사회 진출이 명동에서 두드러졌는데, 명동은 여성들에게 소비 공간일 뿐 아니라 노동과 문화의 공간이었다.

1970년대 중반부터 명동은 새로운 도전을 맞이한다. 도로가 확장되고 신도시가 들어서며 강남과 여의도로 금융 기관, 백화점, 상업 시설이 이전하며 명동에 집중된 상업 인프라가 분산된다. 또한 압구정동이 패션을 주도하는 지역으로 발돋움하면서 명동의 트렌드 선도 역량도 자연스레 약화되었다. 경제 활동의 중심지였던 명동은 1980년대 들어 명동성당 일대가 민주화 시위의 거점이 되면서 정치적 자유를 향한 국민적 염원의 발현지로 상권에 사회적 가치가 부여되기도 했다. 명동의 상업 중심지로서의 위상은 다소 약화되었지만, 서울의 문화 심장부로서의 상징성은 여전히 강했다. 다만 변화하는 도시 환경 속에서 명동은 새로운 발전 방향을 모색해야 했다.

최근 명동은 외국인 관광객의 급증으로 함께 다시 활기를 띠고 있다. K뷰티와 K패션의 중심지로 글로벌 관광객들의 필수 방일명 '명동중앙길'로 통하는 명동역에서 을지로입구역으로 이어지는 메인 스트리트는 K뷰티와 K패션의 성지가 되었다.

문 코스가 되었다. 쇼핑, 음식, 문화가 어우러진 종합적인 경험을 제공하는 도시 경험의 장으로 발전했다. 이는 쇼핑 이상의 경험을 찾는 외국인 관광객들의 문화적 욕구를 반영해 상권이 재편되었음을 보여 준다. 명동은 특유의 회복탄력성으로 일제 강점기, 한국 전쟁, 팬데믹 등의 위기를 겪으면서도 그때마다 변화의 균형을 유지하며 살아남았다. 명동이 서울의 심장부로서 어떻게 변화해 나갈지 지켜보는 것은 도시 경제와 리테일 트렌드를 이해하는 데 중요한 단초가 될 것이다.

명동은 한국 경제의 DNA가 담긴 살아 있는 유산이다. 불확실성이 일상이 된 시대에 명동의 역사는 오프라인 리테일 업계 사람들에게 귀중한 교훈을 던진다. 비즈니스 환경은 끊임없이 '변화'한다. 그 변화의 파도에 유연하게 대응하며 상권의 본질을 잃지 않는 명동의 생명력은 유연한 적응자의 미덕과 강인함을 보여 준다. 명동이 다음 세대에 선보일 모습은 베일에 싸여 있지만, 명동 특유의 자기 혁신의 DNA는 우리에게 질문을 던진다. 당신의 비즈니스는 과거에 안주하는가, 아니면 시대의 파고를 넘어 새로운 가치를 창출할 준비가 되어 있는가.

04 한남, 글로벌 문화와 재벌 문화의 하이브리드

성수, 한남, 도산이 대표하는 네오 하이스트리트는 기존 상권 발달 이론의 틀을 깬다. 네오 하이스트리트는 정통적 상업 지대가 아닌 오피스 밀집지, 산업·공업 지대, 고급 주거 지역, 전통적 명품 상권(청담)에서 파생된 특징을 갖는다. 메가 하이스트리트가 '점(테넌트) → 선(거리) → 면(상권)'으로 유기적 확장을 이루는 순차적 발달 패턴을 따랐다면, 네오 하이스트리트는 '점(앵커 테넌트) → 면(구역 확산) → 선(연결성 구축)'의 역동적 발달 양상을 보인다. 앵커 브랜드나 플래그십이 선제적으로 입점하고, 이를 구심점으로 동종 계열의 브랜드가 주변 지역에 불규칙하게 자리 잡은 후, 이들 사이를 잇는 상업적 동선이 구축되는 역방향 성장 패턴이 나타나는 것이다.

이러한 역진적 발달 모델은 네오 하이스트리트가 단일한 메인 스트리트나 중심지 없이 여러 노드가 유기적으로 연결된 분산형 상권 형태로 존재하게 한다. '명동중앙길'과 같은 상징적 중심축이 없는 대신, 분산형 네트워크처럼 여러 개의 활성화된 점이 연결된 복합 구조를 이룬다. 이 점들 사이에서 브랜드와 소비자의 상호 작용에 따라 상권의 영역과 중심이 변화한다. 이러한 네오 하이스트리트의 발전 양상을 한남을 중심으로 알아보겠다. 성수는 앞의 장들에서 여러 차례 언급했을 뿐 아니라 네오 하이스트리트 중 대중화가 가장 급격한 속도로 진행되어 메가 하이스트리트의 특성이 속속 드러나고 있기 때문이다.

서울에서 가장 부유한 지역은 어디인가? 대부분 어렵지 않게 강남구, 서초구, 송파구라는 강남 3구를 떠올릴 것이다. 김시덕은 《도시문헌학자 김시덕의 강남》에서 오늘날의 강남을 만든 결정적인 순간으로 경부고속도로의 개발과 영동 지구 개발, 남부순환선 계획 중단 등을 꼽으며 강남의 역동적 발전 과정을 파헤친다. 특히 올림픽 유치에 따른 잠실 지구·송파구 개발이 "현대 한국 시민들에게 익숙한 강남적 삶의 양식을 탄생"시켰다고 역설하는데, 도산은 이 특권적 삶의 양식을 계승한 후예로 볼 수 있다.

신과 구, 흑과 백, 자유와 통제, 전통과 혁신, 데카당스 décadence 와 노빌리티 nobility. 상반된 에너지의 결합은 팽팽한 긴장 상태에서 강력한 중력장을 형성한다. 좌측의 이태원역과 우측의 한강진역을 양 끝점에 둔 이태원로는 소위 '꼼데가르송길'이라 불린

제일기획(왼쪽 건물)을 기준으로 위쪽은 이태원 상권, 아래쪽은 한남 상권이 형성되었다.

다. 이태원 상권과 한남 상권은 삼성의 종합 광고대행사 제일기획을 기점으로 지리상 분리된다. 물과 불처럼 도무지 어울릴 것 같지 않은 강한 색채를 가진 두 상권이 섞여 드는 과정에서 독창적이고 전위적이며 시대 파괴적 공기를 가진 서울의 하이스트리트가 탄생했다.

두 상권은 바탕과 성격이 다르지만, 워낙 인접한 탓에 서로 영향을 주고받았다. 전쟁 이후 미군이 용산에 주둔하면서 이태원동 일대에 다종다양한 외국인 커뮤니티가 생겨났다. 다문화의 상징이 된 이 지역에는 미국 특유의 미덕이 녹아들었다. 즉 자유, 다양성의 존중, 개척 정신이 보이지 않는 자장을 이루어 그만의 활력을 만들었다. 이태원은 밤이 화려한 상권이었다. 24시간 불이 꺼지지 않는 젊은 상권의 한가운데에는 밤 문화를 대표하는 클럽이 있었다. 2022년 참사가 생기기 전까지 경리단길을 중심으로 개성 강한 카페, 식당, 레스토랑, 펍 등이 줄을 이뤄 탄탄한 F&B 상권의 면모를 보였다. 동양인보다 다양한 피부색을 가진 서양인의 모습이 자주 보여도 낯설지 않았다. 이태원은 멜팅폿의 특성이 뚜렷했고, 아웃사이더 기질을 숨김없이 드러내 기묘한 해방감이 돌았다.

이태원의 초인접 지역은 어디인가? 한남이다. 대한민국의 전통 재벌이 사는 지역이 어디인가? 또 한남이다. 한남은 삼성, 엘지, 신세계, 현대자동차 등 대기업 회장들의 고급 자택이 밀집한 것으로 유명하다. 막강한 부가 표상하는 권위와 권력, 평범을 배제한 럭셔리 문화가 들숨과 날숨처럼 자연스럽게 얽힌 이 거리에는 이태원만큼 유동 인구가 많지 않았다. 리움미술관과 여러 갤러리, 블루스퀘어, 현대카드 라이브러리 등의 컬처 테넌트가 조성한 거리의 분위기는 한남의 문화적 위계를 강화했고, 다양성과 실험성을 추구하며 대중문화와 예술의 경계를 허무는 현대예술의 정신성을 받아들이는 토양이 되었다. 아울러 힙스터 문화를 상징하는 '이태원 프리덤'의 이국적 정취가 면면히 스며들어 20, 30대 내국인뿐 아니라 외국인 관광객까지 포섭하는 포용력을 갖게 되었다.

한남 상권의 독특한 아이덴티티를 고려할 때, 일본의 매스터

지 패션 브랜드 꼼데가르송이 2010년 한국 최초 플래그십의 장소로 한남을 선택한 것은 우연이 아니다. 1969년 가와쿠보 레이가 만든 꼼데가르송은 해체주의 패션의 시초인 '히로시마 시크'를 유행시키며 업계의 전설이 되었다. 현대 아방가르드 패션을 대표하는 프랑스 브랜드 메종 마르지엘라의 공동 설립자인 마르탱 마르지엘라도 꼼데가르송에 지대한 영향을 받았다고 하니, 메종 마르지엘라의 글로벌 CEO가 한남이라는 지역을 눈여겨본 것도 우연은 아닐 것이다.

이태원역과 한강진역을 양 끝에 두고 이태로 바로 앞에 위치한 꼼데가르송 플래그십 스토어. 이 뒤로 대기업 회장들의 고급 자택이 밀집해 있다.

근래 발전한 신흥 상권의 공통점은 팬데믹 시기에 성장 가도를 달렸다는 것이다. 한남 역시 그렇다. 한남은 꼼데가르송 플래그십이 앵커 역할을 했는데, 팬데믹 시기 K패션이 부상하며 '힙'한 하이스트리트의 면모를 강화했다. 사회적 거리두기의 영향으로 F&B 브랜드가 부진하며 임대료를 감당하기 어려운 테넌트들이 매장을 비웠고, 그 자리를 패션 브랜드들이 선점한 것이다. 한남은 새로운 K패션 브랜드의 등용문이자 글로벌 매스티지 패션 브랜드의 각축장으로 떠올랐다. 그렇게 꼼데가르송길 권역, 사운즈한남 권역, 한남오거리 권역, 한남더힐 권역이라는 한남의 4대 권역이 두각을 나타냈다.

상권의 성숙도는 테넌트의 업종과 콘텐츠가 결정한다. 나는 꼼데가르송 이후 한남의 아이덴티티를 대변하는 테넌트로 르메르와 메종 마르지엘라를 꼽는다. 이 새로운 앵커들을 중심으로 새로운 패션 브랜드들이 모여 면을 이루고, 권역을 연결할 수 있는 한남의 새로운 선이 개발되는 중이다.

구호, 코스, 르 라보, 이솝 등 이태원역과 한강진역 사이의 대로를 따라 들어선 국내외 브랜드의 플래그십 스토어.

소셜 인프라가 결정하는
상권의 미래 가치

상인베스트먼트 한상웅 대표

인베스코리얼에스테이트코리아 대표를 역임하고, 부동산 개발 및 자산운용 회사 상인베스트먼트를 설립한 한상웅 대표는 부동산 투자와 개발 분야의 전문가이자 승부사다. 그는 현재 홍대 상권에 집중적으로 투자하고 있다. 왜 전통과 신흥의 하이스트리트 중 홍대라는 지역을 선택했을까?

그는 서울의 주요 상권에 대한 투자를 말할 때 캐피털 마켓과 스페이스 마켓, 두 가지 관점을 강조한다. 캐피털 마켓은 부동산 매수자와 매도자 시장을, 스페이스 마켓은 테넌트와 랜드로드 시장을 뜻한다. 그는 실제 임차 수요(스페이스 마켓)와 부동산 거래 가격(캐피털 마켓) 사이의 격차에서 투자 기회를 발견했다. "홍대 상권에 투자했을 때, 테넌트의 요구는 어마어마했습니다. 캐피털 마켓에서는 그것을 인지하지 못했어요. 미스프라이싱mis-pricing이 있었죠." 미스프라이싱은 자산, 상품, 금융 상품 등이 시장에서 잘못된 가격에 거래되는 현상을 의미한다. 시장이 자산의 적정 가치를 제대로 반영하지 못하고 실제 가치보다 높거나 낮게 평가하는 것이다.

한 대표가 홍대 상권에 투자한 것은 약 10년 전이다. 그의 분석에 따르면, 홍대는 주거지와 상업지의 부동산 가격 차이가 거의 없었고, 이는 시장 가격이 잘못 책정되었음을 의미했다. 홍대는 상권 가치가 탁월했다. 일단 지하철 승하차 인원 데이터가 말해 주는 트래픽이 충분했다. 오피스가 밀집된 강남은 주말 공동화 현상이 나타나지만, 홍대는 주말에 더 많은 사람이 방문했다. 놀이와 문화를 즐기러 오는 사람들로 가득해 상권의 생명력이 강하다고 판단했다. 또한 홍대는 인근 지역을 연결하고 포섭하는 광역성을 갖추고 있었다. 상권이 연남동, 망원동, 상수 등으로 확장되면서 일부 지역의 임대료는 떨어질 수 있지만, 지하철역 인근 입지의 가치는 유지될 거라 예측했다.

오프라인 리테일 투자의 주요한 판단 기준은 본질적 가치 대비 가격이다. 한 대표는 홍대 상권이 가진 문화적·광역적·실용적 레이어를 바탕으로 시장의 미스프라이싱을 찾아내는 데 집중했다. 홍대 건물에 투자하며 경쟁자들보다 3퍼센트 높은 가격을 제안해 물건을 확보하기도 했다. 그렇게까지 지갑을 열 일이냐고 우려하는 이들도 있었지만 아깝지 않았다. 3퍼센트의 웃돈을 고려해도 홍대는 여전히 저평가되어 있었다.

내공이 튼튼한 사람은 변화의 파도를 겁내지 않는다. 상권도 비슷하다. 인프라가 확충된 상권은 세월의 풍파에도 결국은 지속 발전한다. "소셜 인프라가 튼튼해야 사람들의 발길이 이어집니다. 부동산은 소셜 인프라에 기대어 기생하는 존재예요." 한 대표는 소셜 인프라의 중요성을 재차 강조하며, 홍대의 버스킹, 명동의 노점상을 주요 소셜 인프라로 꼽는다. 버스킹이나 노점상은 사람들의 눈과 마음을 붙잡아 거리에 머물게 하고, 사람들의 체류 시간이 늘면 결과적으로 상권은 활성화된다.

최근 한 대표는 호텔 비즈니스에 몰두하고 있다. "지금 호텔이 가장 저평가되어 있다고 봅니다. 코로나19로 너무 힘들었기 때문에 투자자들이 쳐다보지도 않아요. 값이 싸고 경쟁자가 별로 없습니다." 그는 시장 심리가 과도하게 비관적일 때 오히려 매수 기회를 찾는 호전적 승부사다. 일반적으로 투자자들은 호황기에 매수하고 불황기에 매도하는 경향이 있는데, 한 대표는 군중 심리와 반대로 움직이며 저평가된 가격에 우량 자산을 확보한다.

한 대표의 투자 철학은 명확하다. 사업을 시작한 이유를 "돈 벌려고"라고 단언한다. 추상적 이념 따위는 들어설 여지 없는 근본 동기가 단순하다. 그는 시장이 미처 발견하지 못한 가치 차이를 포착해 투자 전략을 고안한다. 적정 가치와 현재 가격 사이의 차이를 찾아내고, 사람들의 활동과 문화가 만들어 내는 사회적 기반이 탄탄한 곳에 투자하며, 여러 매력 요소가 중첩된 상권인 홍대를 선택했다. 이런 접근법은 도시가 다양성을 품을 때 진정한 가치를 발휘한다는 도시 발전의 근본 원리와 맞닿아 있다.

6장

등용문

부와 권위를 상징하는
성공한 브랜드의 깃발

서울의 6대 하이스트리트는
브랜드의 입신출세 관문이자 성공의 인장이다.

01

입신출세의 관문이 된
6대 하이스트리트

      메가 하이스트리트와 네오 하이스트리트는 서울을 대표하는 상권이다. 사람으로 치면 성공해 일가를 이룬 사업가나 사산가다. 성공한 사람들의 공통점은 무엇일까? 요즘 같은 불확실성 시대에 성공의 방정식을 단정할 수 없겠지만, 그들이 대체 불가능한 캐릭터라는 점은 부정할 수 없을 것 같다. 워런 버핏 하면 신중함, 스티브 잡스 하면 완벽성, 일론 머스크 하면 과감함이 떠오르는 것처럼 말이다.

      명동, 홍대, 강남과 성수, 한남, 도산은 저마다의 색깔을 가지고 있다. 개별 상권의 내부를 골똘히 들여다보면 특정한 색깔로 정체성을 규정하는 것이 맞나 싶을 만큼 복잡하지만, 상권의 공급자와 사용자가 이견 없이 받아들이는 고유한 색깔은 상권을 구성하는 브랜드, 방문객 유형, 상권이 제공하는 경험의 총체를 의미한다. 한국뿐 아니라 미국에도 메가 하이스트리트와 네오 하이스트리트의 상권 구도가 나타난다는 것을 2장에서 거론한 바 있다. 뉴욕의 사례처럼 도쿄에서도 메가 하이스트리트와 네오 하이스트리트의 속성을 가진 신구의 상권 구도가 나타난다.

이를테면 도쿄의 메가 하이스트리트를 시부야(명동), 하라주쿠(홍대), 신주쿠(강남)로, 네오 하이스트리트를 오모테산도(성수), 다이칸야마(한남), 아오야마(도산)로 볼 수 있다. 서울의 메가 하이스트리트와 네오 하이스트리트의 특징이 완벽하게 일치하지 않을지라도 도쿄의 주요 상권에 유사한 양상이 나타나기 때문이다. 사람 사는 곳은 어디나 엇비슷한 측면이 있고, 상권은 단순한 물리적 공간을 넘어 사회문화적 특성이 반영된 총체적 네트워크기 때문에 가능한 현상이라 생각한다.

스크램블 교차로와 쇼핑몰이 밀집한 시부야는 패션, 문화, 유행의 전통적 중심지다. 하라주쿠는 10, 20대의 독창적인 스타일과 서브컬처를 상징하는 지역이다. 도쿄 최대 환승역인 신주쿠는 비즈니스 중심지와 가부키초의 유흥가, 백화점이 공존하는 복합 상권으로 다양한 세대가 모여든다. '도쿄의 샹젤리제'로 불리는 오모테산도는 느티나무 가로수길을 따라 전통적인 거리와 현대적인 건축물이 조화롭게 어우러져 젊은 세대와 관광객이 즐겨 찾는 핫플레이스다. 다이칸야마는 트렌디한 부티크와 감각적인 카페가 모여 있는 부촌이며, 아오야마는 글로벌 명품과 신진 디자이너 브랜드가 공존하는 성숙한 패션 중심지다.

나는 자주 상권을 유기체에 비유한다. 상권이 소비자, 브랜드, 테넌트, 랜드로드, 투자자, 기획자, 그리고 도시와 문화가 상호 작용하며 만들어 가는 생태계인 까닭도 있지만, 다양한 이해관계자들의 역동으로 만들어지는 카오스, 즉 복잡함이 꼭 인간 같기 때문이다. 그런가 하면 상권은 한편으로 매우 단순하다. 그 단순함이 또 인간 같다. 무슨 뜬구름 잡는 얘긴가 싶겠지만 실제 상권이 그렇다. 인간의 복잡함을 설명할 수 있는 단일한 이론은 없는데, 같은 욕망을 되풀이하는 인간의 단순함은 되레 법칙에 가깝다(우리는 매일 더 나은 음식과 옷과 공간을 염원한다). 상권은 각기 다른 복잡한 질서 속에서 자기만의 영토를 만들어 가지만, 자본의 획득이라는 일관된 목적을 향해 나아간다는 점에서 한없이 단순하다.

오늘날 상업 생태계에서 브랜드의 존속과 번영은 극심한 경쟁 구도 안에서 실현된다. 리테일 산업에서 브랜드가 특정 상권에 일반 매장이나 플래그십을 여는 행위는 단순한 입지 선정의 문제가 아니라 브랜드의 고유성과 시장 내 전략적 좌표를 나타내는 중요한 의사결정이다. 임대료가 싸든 비싸든, 서울 노른자 땅에 있든 인적 드문 변방에 있든 상권은 브랜드와 소비자를 연결하는 플랫폼이다. 다만 플랫폼의 특성에 따라 리테일의 성공 여부가 달라질 수 있고, 이러한 맥락에서 특정 상권은 소비자에게 브랜드의 가치와 위상을 전달하는 메시지이자 미디어 그 자체가 된다.

중국에 룽먼(용문)龍門이라는 협곡이 있다. 황허강 중류에 있는 이 협곡은 물살이 거칠고 사나워 사람뿐 아니라 어지간한 물고기도 룽먼을 지나갈 엄두를 내지 못했다고 한다. 쉽게 자리를 내주지 않는 괴팍한 협곡은 전설을 만들었다. 전설의 내용인즉, 용기 있는 잉어가 험난한 물살을 거슬러 올라 협곡을 통과하면 용으로 변해 하늘로 올라간다는 것이다. 용감한 잉어의 꿈이 잉어 아닌 다른 존재가 되는 것이었는지, 넘치는 호기에 자기 한계를 시험하고 싶었던 건지, 그냥 좋아서 협곡을 거슬러 올랐는지, 사실이 뭔지 모르겠으나 전설의 설계자가 생각한 꿈의 종착지는 아마도 용이었나 보다. 신화적 스토리를 가진 등용문登龍門은 성공을 이루려면 극복하기 어려운 관문을 넘어야 한다는 메시지를 남겼다. 이후 등용문은 중요한 시험이나 도전, 성공의 문턱, 행운과 출세를 기원하는 명사이자 상징물로 쓰이고 있다.

0 2

상업적 성공과 권위의 상징
명동, 홍대, 강남

서울의 6대 하이스트리트는 브랜드의 입신 출세 관문이자 성공의 인장인 등용문이다. 브랜드가 하이스트리트에 매장을 내는 목적이나 속내는 개별 브랜드만이 정확히 알 수 있겠지만, 상권 생태계를 고려할 때 그 목적에는 두 가지 기능적 차이가 있다. 하나는 등용문의 기능이고, 하나는 시험대 testbed의 기능이다.

그렇다면 왜 기능적 차이가 발생하는가? 그것은 하이스트리트와 브랜드 간의 힘의 역학 때문이다. 1장에서 강조한 랜드로드 중심 시장과 테넌트 중심 시장의 차이를 기억하는가. 공급보다 수요가 많아 랜드로드의 힘이 셀 때를 랜드로드 마켓이라 하고, 수요가 공급보다 많아 테넌트의 힘이 강할 때를 테넌트 마켓이라

한다. 축적된 자본이 만든 영향력의 측면에서, 하이스트리트보다 브랜드의 힘이 셀 때는 시험대가 되고, 브랜드보다 하이스트리트의 힘이 세거나 힘의 크기가 상호 동등할 때는 등용문이 된다.

그러니까 메이저리그 스타 선수가 새로운 팀에서 자기 가치를 증명하는 것이 시험대의 기능이고, 전도유망한 선수가 명문 구단에 입단함으로써 자기 위상을 높이는 것은 등용문의 기능이다. 하이스트리트에서 찾을 수 있는 시험대 성격의 플래그십은 디올 성수나 한남의 구찌 가옥이다. 마뗑킴이나 마리떼 프랑소와 저버 명동 플래그십은 브랜드보다 하이스트리트의 힘이 강한 등용문 유형이고, 명동, 홍대, 강남의 애플스토어는 하이스트리트와 브랜드의 힘이 동등한 유형이다. 경제학적 관점에서 이 현상은 브랜드가 보유한 시장 지배력과 상권 입지 가치 간의 전략적 상호 의존의 결과로 해석할 수 있다.

메가 하이스트리트에 플래그십을 연다는 것은 브랜드가 상당한 지위를 갖추었음을 의미한다. 메가 하이스트리트의 플래그십은 확고한 브랜드 경쟁력과 시장성을 표상하는 인장 역할을 하는 것이다. 하버드 경영대학의 마이클 포터의 경쟁우위 이론에 따르면, 기업의 지속가능한 번영은 시장 생태계 내에서 자신만의 독보적 영역을 구축하는 능력에 달려 있다. 기업은 차별화, 비용 우위, 틈새시장 공략 전략 중 하나를 선택해야 한다. 메가 하이스트리트에 진출한다는 것은 브랜드 차별화 전략의 하나로, 단기적으로 높은 비용을 감수해야 하지만 장기적으로 브랜드 가치와 경쟁 우위를 확보하는 수단이 된다. 포터가 강조한 가치 사슬 관점에서 볼 때, 브랜드의 물리적 공간에 대한 전략적 자본 배분은 소비자에게 탁월한 공간 경험과 브랜드 헤리티지의 깊이를 전달함으로써, 시장 생태계의 상위층에 안착하게 한다.

하이스트리트의 높은 임대료는 큰 비용이다. 그러나 임대료를 마케팅 예산으로 환산하면 오히려 합리적인 경비다. 최고급 상권에 매장을 여는 것은 물건을 팔기 위한 공간을 마련하는 것 이상의 의미가 있다. 오프라인 리테일은 소비자와 시장에 '우리는 성공한 브랜드고, 최고의 자리에 설 자격이 있다'는 메시지를 전달하는, 24시간 불이 꺼지지 않는 광고판인 것이다. 높은 임대료는 브랜드의 시장 내 위상을 격상시키고 소비자의 심리적 신뢰도를 제고하는 커뮤니케이션 비용이다. 국내 브랜드는 내수 시장에서 충분히 성공했거나 해외 진출에 성공한 후에 하이스트리트에 플래그십을 연다. 이때의 플래그십은 브랜드가 성장 단계에서 성숙 단계로 진입했음을 알리는 일종의 선언이다. 반면, 해외 브랜드는 타국의 가장 비싼 땅에 깃발을 꽂아 브랜드 권력을 과시하는 전략적 수단으로 메가 하이스트리트를 선택한다. 시장 점유율보다 브랜드 인지도를 우선 구축하는 전략으로, 최고급 입지의 상징성을 활용해 단기간에 브랜드의 위상을 고취하려는 목적이다. 돈은 많이 들지만 현지 시장에서 즉각적으로 브랜드 권위를 획득할 수 있는 장점 때문에 글로벌 브랜드들이 주로 활용한다.

명동은 국내외 대형 브랜드들이 대형 플래그십을 운영하는 하이스트리트로, 차갑게 말하자면 승자 독식 시장의 특성을 보여 준다. 승자 독식 시장은 소수의 브랜드가 불균형적으로 큰 혜택을 누리고, 가시성과 접근성이라는 제한된 자원을 독점하는 현대 자본주의의 단면을 보여 준다. 이 메커니즘에서는 성공한 브랜드가 더 많은 고객을 끌어들이고, 더 큰 매출을 올리며, 결과적으로 더 높은 임대료를 감당하는 순환이 이루어진다. 애플, 나이키, 아디다스와 같은 글로벌 브랜드부터 이미스, 블루엘리펀트 등 K패션의 열풍을 이끈 국내 브랜드는 시장의 승자들이다.

홍대는 미적 감수성을 선도하는 작은 브랜드들의 시험대이자 등용문이었다. 홍대는 상권의 경제적 가치뿐만 아니라 문화적 레이어, 미학적 감성, 대학가 이미지가 자산으로 승화되어 상권 메리트를 만들었다. 프라이탁, 젠틀몬스터 등 개성 강한 브랜드가 홍대에서 좋은 반응을 얻고 있다. 통신사와 은행도 영 앤드 트렌디 상권의 강자인 홍대에서 특별한 플래그십을 열어 스무 살 고객을 유입했다. 통신사와 은행은 생애 최초 고객을 유치하는 것이 중요하다. 성인이 되어 처음 만든 통장의 은행, 자기 명의로 처음 가입한 통신사에 대한 충성도가 높기 때문이다.

KB국민은행의 홍대 플래그십은 사회 초년생이 된 대학생들을 생애 첫 금융 소비자로 유입하기 위해 만든 공간이다. 전통적인 은행의 이미지를 탈피해 공연장을 접목한 복합 문화 공간으로 설계했는데, 문화 경험을 제공함으로써 금융 시장의 진입 장

강남대로의 리테일 부동산 대다수는 피부 클리닉과 에스테틱이 상층부를 차지한다.

벽을 낮추고 타깃 고객과의 자연스러운 접점을 마련한 것이다. 'KB Young Youth' 적금처럼 청년들을 위한 금융 상품을 만들기도 했다. 또한 2025년 1분기에 운영을 종료한 홍대 SK텔레콤의 T팩토리는 ICT 복합 문화 공간이었다. 20대 디지털 라이프스타일에 맞춤화된 공간이었는데, 이동통신사 최초로 365일 24시간 운영되는 무인 공간 'T팩토리 24'가 인근 대학생들의 호응을 얻었다. 요금제, 단말기 선택, USIM 개통까지 모든 과정을 직접 해결할 수 있는 키오스크 시스템은 대면 서비스보다 디지털 소통을 선호하는 MZ세대의 취향을 반영해 마련된 것이었다.

강남은 한국의 경제력과 소비력이 집중된 하이스트리트로, 최근 K클리닉과 에스테틱 열풍을 주도하고 있다. 팬데믹 이전에는 F&B와 패션 리테일이 강세였으나, 팬데믹 이후 리테일과 클리닉의 순위가 순식간에 역전되었다. 강남은 클리닉 업계의 등용문이 되어 상업용 부동산 트렌드까지 변화시키고 있다. 상업빌딩의 저층부에는 리테일, 상층부에는 오피스가 있는 것이 일반적이다. 강남역 일대는 코로나19발 불황과 재택근무 확산으로 오피스 수요가 감소하면서, 그 빈자리를 클리닉 업종이 채웠다. 클리닉은 일반 오피스보다 임대료 지불 파워가 세다. 클리닉이 상업용 부동산의 상층부를 차지하는 '클리닉+리테일' 모델의 전환이 가속화되고 있다.

03 기성과 차별되는 독자적 가치의 징표

　　　　　　네오 하이스트리트는 메가 하이스트리트와는 상이한 방식으로 뷰티·패션 브랜드의 등용문이 되고 있다. 온라인에서 충성 고객을 확보한 K뷰티와 K브랜드의 오프라인 등용문은 네오 하이스트리트다. 네오 하이스트리트에는 메가 하이스트리트에서 볼 수 없는 작지만 강력한 브랜드들이 넓지 않은 규모의 매장을 열어 기존 팬들을 만난다. 국내뿐 아니라 글로벌 팬덤을 구축해 외국인 관광객을 유입한다. 그 때문인지 요즘 네오 하이스트리트에는 내국인 반, 외국인 반이라 해도 과언이 아니다. 일례로 한남의 마르디 매장을 투어하기 위해 한국을 찾은 일본의 클라이언트도 있었다.

　　온라인 기반의 브랜드는 네오 하이스트리트를 오프라인 거점으로 삼고, 이후 메가 하이스트리트로 리테일을 확장한다. 성수나 한남에서 눈에 띄는 성공을 거두고 나면, 그 후에 메가 하이스트리트로 진출하는 것이다. 마뗑킴, 마리떼 프랑소와 저버, 이미스, 블루엘리펀트도 그런 수순을 밟았다. 네오에서 메가로 리테일을 확장하는 방식은 기존의 유통 채널과는 차별화된 형태의 상권 역할을 보여 준다.

상권은 사람을 모으고, 사람은 다시 상권을 만든다. 요즘 성수를 보노라면 이 말이 진리라는 생각이 든다. 요즘 성수는 주중, 주말 할 거 없이 트래픽이 넘친다. 온라인 기반의 K뷰티 브랜드들이 성수에 최초로 매장을 내며 동서 연무장길은 K뷰티의 격전지가 되고 있다. 킨포크, 데이지크, 페사드, 토리든, 힌스, 퓌, 아도르 등 K뷰티의 새로운 얼굴이 된 브랜드는 성수 플래그십을 커뮤니케이션의 거점으로 삼고 팬덤을 강화한다. 신생 브랜드들이 모여들며, 영감을 주고받고 협력하는 과정에서 유통 일반론을 전복하고 새로운 모델을 만들어 간다.

네오 하이스트리트는 브랜드의 독특한 정체성을 어필하는 효과적인 플랫폼이다. 블루보틀 커피 컴퍼니의 회장인 브라이언 미핸Bryan Meehan은 국내에 최초로 진출할 때 뉴욕의 브루클린이나 영국의 배터시처럼 재생 이미지를 가진 지역에 진출하기를 원했다. 또한 원두를 직접 로스팅할 수 있는 넓은 로스터리 공간도 필요로 했다. 나는 그와 함께 서울의 여러 카페 거리를 답사했는데, 클라이언트의 니즈를 충족시킬 수 있는 상권은 단연 성수였다.

2019년 블루보틀 1호점이 개장했을 때만 해도 성수는 지금 정도로 대중화된 하이스트리트는 아니었다.

독자적 브랜드 서사를 만들어 가는 브랜드는 지역 특유의 매력이 보존된 성수나 한남과 같은 신흥 프리미엄 거리를 택한다. 성수는 공장, 창고, 주거지를 개조한 건물이 많아 개성 있는 인테리어를 구현하기 좋고, 방문객들 역시 비일상적이고 이색적인 경험을 갈망하며 이곳을 찾는다. 매장 자리로 대중적 인지도와 접근성이 좋은 메가 하이스트리트를 선택할 것인지, 차별화된 문화적 정체성을 가진 네오 하이스트리트를 선택할 것인지는 브랜드의 핵심 지지층과 브랜드 에센스를 기준으로 결정된다. 요

2019년 5월에 뚝섬역 앞 대로에 문을 연 블루보틀 1호점. ⓒBlue Bottle

컨대 메가 하이스트리트가 브랜드의 시장 지배력과 대중적 성공의 상징이라면, 네오 하이스트리트는 브랜드의 독자적 아이덴티티와 문화적 파급력의 징표에 가깝다.

투자자는 정통성이 중요하고, 브랜드는 화제성이 필요하기 때문일까. 요즘은 명동, 홍대, 강남보다 성수, 한남, 도산을 눈여겨보는 글로벌 브랜드가 많다. 그들은 처음부터 강한 인상을 남기고 시장에서 주목받기 위해 브랜드 색깔과 찰떡같이 맞아떨어진 입지를 선택하려고 한다. 적절한 입지가 있다면 비용은 문제가 아니다. 소비자들에게 브랜드 이미지를 각인시켜 성공적으로 진출하는 것이 우선이다.

도산은 글로벌 브랜드와 로컬 브랜드가 공존하는 상권이다. 도산은 전통적 럭셔리 상권인 청담의 연장선상에 있다. 도산을 '청담의 영 앤드 트렌디 버전'이라고 정의하는 건 지극히 원색적인 언어도단일 수 있으나 실제 상권의 색깔이 '뉴 럭셔리'의 성격이 강한 것도 사실이다. 에르메스, 루이비통과 같은 전통의 럭셔리도 도산에서는 다른 색채로 브랜드 정체성을 어필한다. 루이비통 서울 도산 스토어는 세계적인 일본 현대 예술가 무라카미 다카시와의 협업 20주년을 기념해 2025년 '루이뷔통×무라카미' 콘셉트로 플래그십을 재정비해 리뉴얼 오픈했다. 매장은 여섯 가지 테마의 몰입형 공간으로 구성되어 가방, 슈즈, 액세서리 등 폭넓은 상품군에 무라카미 특유의 감각을 입혀 큰 반향을 일으켰다.

(위) 무라카미 다카시와 협업 20주년을 기념해 리뉴얼한 루이비통 서울 도산점.
(아래) 도산 상권의 정체성을 대변하는 브랜드 중 하나인 고급 남성복 편집숍 앤유니페어.

극소량 생산, 한정판 출시, 재발매 없는 정책을 표방하며 찾아온 손님을 환대는 못할지언정 매장 앞에 기다리게 하며 '줄서기 문화'를 브랜드 상징으로 만든 슈프림의 브랜드 아이덴티티를 표현하기에 도산만큼 어울리는 상권이 한국에는 없다. 그래서일까. 켄들 제너, 카일리 제너 등 유명 셀럽들이 즐겨 입는 브랜드로 알려져 프리미엄 이미지가 강한 알로 요가나 최고급 니치 향수 브랜드 아무아쥬는 도산을 한국 진출의 교두보로 삼았다.

04 유통 채널의 변화와 새로운 등용문의 출현

　　　　　　　10년 전만 해도 신생 패션 브랜드의 성공 경로는 명확했다. A브랜드가 최초로 신상품을 출시할 때, 백화점 바이어들을 초청해 제품을 설명하고 마케팅 계획을 공유했다. "반응이 좀 있을 것 같은데 L백화점 J점에 한번 깔아 볼까요?" 바이어의 한마디로 A브랜드의 출생지가 정해졌다. J점에서 실적이 좋으면 다른 백화점 지점으로 확장하고, 전국 백화점에 입점한 후에야 비로소 명동이나 강남 같은 프라임 상권에 플래그십을 여는 것. 신생 패션 브랜드가 태동해 자리를 잡고 확장해 나가는 공식 루트였다.

　이 시기에 백화점은 절대 권력을 갖고 있었다. 바이어의 선택을 받지 못한 브랜드는 리테일 시장에서 생존하기 어려웠다. 백화점의 강력한 교섭력에서 비롯된 권력은 브랜드의 생사여탈을 쥐락펴락했다. 백화점이 브랜드에 가장 좋은 지점을 내주면, 그 대가로 비인기 지점에 덩달아 입점하는 것도 업계의 불문율이었다. 바이어의 선택을 받지 못한 브랜드는 오프라인 시장에서 생존하기 어려웠다.

인터넷 쇼핑이 유통 생태계의 중심축이 되기 이전에는, 백화점은 패션 브랜드가 세상에 등장하는 거의 유일한 창구이자 신진 브랜드들에게 소비자와의 접점을 제공하는 핵심 채널이었다. 그러나 브랜드가 첫발을 내딛는 방식이 근본적으로 변화했다. 백화점 중심의 유통 질서는 이제 온라인 플랫폼으로, 온라인 플랫폼의 연장선에 있는 네오 하이스트리트 중심으로 전환된 것이다. 무신사, 에이블리, 지그재그, W컨셉과 같은 온라인 패션 플랫폼을 통해(뷰티 플랫폼의 등용문은 단연 올리브영이다) 브랜드 인지도를 쌓은 후 오프라인 매장을 여는 방식이 정착되고 있다. 인스타그램을 통해 수십, 수백만의 팔로워를 보유한, 즉 팬덤을 확보한 브랜드도 적지 않다.

백화점의 절대적 지위가 흔들리자 전통적 갑을 관계가 역전되어, 이제 브랜드가 백화점 입점을 선택하는 상황에 이르렀다. 가치 소비를 중시하는 소비자들의 변화로 인해 고가 브랜드 위주의 백화점과 아웃렛도 과거와 같은 경쟁력을 유지하기 어려워졌다. 요즘 '힙'한 브랜드는 백화점이라는 전통적 상업 시설에 입점하는 것을 달가워하지 않는다. MZ세대, 알파세대에게 백화점

명동중앙길에 진출한 3마 패션의 플래그십 스토어.

은 더는 선망의 쇼핑 공간이 아니다. 백화점 역시 기존의 이미지를 탈피하기 위해 네이밍, 인테리어와 동선, 층별 매장 구성, 콘텐츠 등에서 파격적인 변화를 시도하고 있다.

팬덤을 갖춘 브랜드가 성공했어도, 오롯이 브랜드만의 자본으로 서울의 하이스트리트에 플래그십을 내기는 어렵다. 온라인 플랫폼에서 인기를 얻은 여러 브랜드가 대명화학이나 무신사 같은 대형 자본으로부터 투자 유치에 성공한 것도 리테일 출현의 주요 요인이라 볼 수 있다. K패션 열풍을 주도한 '3마(마뗑킴, 마리떼 프랑소와 저버, 마르디)', 2030 골퍼들의 유니폼이 되었던 말본골프, 락피쉬웨더웨어 등은 투자 유치에 성공한 브랜드들이다. 대형 자본의 투자를 받으면, 브랜드는 매출 확장을 통한 몸집 불리기에 나선다. 이 과정에서 새로운 유통 채널에 대한 니즈가 생긴다. 온라인 1세대 패션 플랫폼인 스타일난다, 난닝구, 핫핑, 임블리 등이 오프라인 리테일을 통한 외적 성장에 성공하면서, 잘나가는 온라인 브랜드들의 오프라인 진출은 하나의 검증된 브랜드 성장 전략으로 인식되기도 했다.

17년 브랜드 여정으로 읽는
도산과 한남 상권의 경제학

유니페어 강재영 대표

패션 리테일 비즈니스는 종종 통념을 거스른다. 트래픽이 넘치는 곳에 자리 잡으면 소위 '대박'이 날 만큼 돈을 벌 거라 예상하지만 꼭 그렇지는 않다. 유동 인구가 적고 지역민이 주 수요자인 로컬에 자리 잡으면 얼마 못 가 임대료도 못 낼 것 같지만 그렇지도 않다. 왜일까? 수치화된 트래픽이 의미하는 것은 실질 수요자가 아니기 때문이다. 오프라인 리테일에서 트래픽은 매장을 방문하는 고객의 수, 즉 매장 내로 들어오는 사람들의 흐름을 의미할 뿐 그 사람들의 소비 능력을 입증하지 못한다. 방문자가 구매자로 전환될 확률은 있지만 그것은 높은 개연성을 가질 뿐 필연적 인과로 귀결되지 않는다. 사람들이 버글버글한 거리는 효과적인 오프라인 광고판이 될 수 있지만, 그런 통 큰 광고판의 주인은 예산이 충분한 대기업들이다. 모든 기업이 대기업처럼 비즈니스를 할 수는 없다.

작은 브랜드일수록 오프라인 리테일에서 발생하는 실제 매출이 중요하다. 높은 관심도는 고마운 일이지만 단순한 화제성만으로는 비즈니스를 지속할 수 없다. 하루 천 명의 방문객 중 열 명이 지갑을 여는 것보다, 하루 열 명이 들어와 여덟 명이 제품을 사 가는 것이 생존에 유리하다. 제품의 단가가 높을수록 더욱 그렇다. 오프라인 비즈니스를 성립시키는 것은 단지 트래픽이 아니라, 소비자의 감성을 흔드는 브랜드의 영향력과 감성이 흔들린 소비자가 감당할 수 있는 소비력의 총합이다.

'당신을 위한, 세상에서 단 한 켤레뿐인 구두'라는 슬로건을 가진 유니페어는 도산공원 인근에 있는 고급 제화 전문 편집숍이다. 한국의 랄프 로렌을 꿈꾸는 강재영 대표는 2008년 유니페어의 문을 열었다. 당시 도산은 인근의 로데오 거리나 청담처럼 주목받는 상권은 아니었지만, 시대를 앞서가는 감각적인 창업가들이 혁신적인 사업 아이디어를 현실화하는 문화적 시험대이자 본거지였다. 젊은 배우, 모델, 뮤지션, 패션 에디터와 패션 업계 관련자들이 도산을 중심으로 모여 시크하고 세련된 거리 무드를 조성하기도 했다. 또한 청담과 인접한 위치적 장점으로 고급스러운 소비 성향을 가진 프리미엄 고객층을 끌어들일 수 있었는데, 청담 대비 적정한 임대료 수준 덕분에 신진 사업가들의 출발점으로 적합했다.

도산은 국내 최상위권의 경제력을 가진 지역민을 기반에 둔다. 이것이 여느 상업 구역과 구별되는 도산의 고유한 경쟁력이자 매력 요인이다. 유니페어는 알든Alden, 에드워드 그린Edward Green, 존 롭John Lobb 등 불굴의 장인 정신을 보유한 정통 클래식 브랜드만을 취급하고, 프리미엄 소재를 활용한 자체 브랜드 상품을 개발한다(창립 10주년을 맞아 도산 거리명을 모티브로 한 '도산 808' 리미티드 모델을 공개하기도 했다). 이렇듯 타협 없는 큐레이션의 완고함이 매장 곳곳에 스며들어 있다.

유니페어의 프리미엄 슈즈는 전반적으로 가격대가 높아 진입 장벽이 있는데, 충성 고객층인 인근 거주민에게는 큰 문젯거리가 아니다. 강재영 대표는 핵심 소비자의 특징을 날것 그대로 설명한다. "트렌드에 안테나를 세우는 사람들이 아니에요. 최신 트렌드를 따를 마음이 없어요. 그럴 필요를 느끼지 못하죠. 그러기에는 돈이 너무 많거든요." 소비력은 좋지만 트렌디하지 않은 이 특권적 소비자층은 유니페어의 비즈니스 모델과 묘하게 궁합이 맞았다.

도산이라는 하이스트리트에서 성공한다는 것은 브랜드의 진정성과 품질을 검증받았다는 것을 의미한다. 제아무리 트렌디한 브랜드라도 도산의 핵심 소비자를 설득하지 못하면 장기적인 생존이 어렵다. 이곳에서 인정받은 브랜드는 자연스럽게 권위를 획득한다. 강재영 대표는 이 점을 꿰뚫고 있다. 그에게 도산은 브랜드 가치를 증명하는 시험대였다. 17년이라는 시간 동안 이 시험대에서 살아남았다는 것은 쉽게 대체될 수 없는 브랜드의 내공을 증명한다.

유니페어가 17년간 도산에서 성공적으로 자리 잡자, 강재영 대표는 한남동에 '&유니페어(앤유니페어)'를 열며 새로운 도전장을 내밀었다. 도산의 유니페어가 장인 정신과 클래식에 중점을 둔다면, 한남의 &유니페어는 브랜드와 카테고리의 경계를 허물고 다양성을 추구한다. &유니페어의 디스플레이는 기존의 획일적인 상품 진열 방식을 탈피한다. 라이프스타일별로 상품을 배치해 아웃도어, 캐주얼, 데님 등 다양한 스타일이 조화롭게 어우러지게 한다. 기존 라인업에 없던 캐주얼 브랜드 클락스와 버켄스탁을 새롭게 도입하여 가격대의 폭을 넓혔다. 빈티지 안경부터 의류까지, 토털 코디네이션이 가능한 다채로운 아이템을 한 곳에서 경험할 수 있다.

강재영 대표의 상권 분석은 서울 패션 리테일 시장의 미묘한 차이를 보여 준다. 그에 따르면, 도산은 하이엔드 패션 브랜드가 브랜드 아이덴티티를 훼손하지 않으면서도 안정적인 수익을 창출할 수 있는 서울 내 거의 유일한 지역이다. 이는 매출 이상의 의미가 있다. 도산에서의 성공은 다른 상권으로 확장할 수 있는 발판이 된다. 도산에서 검증받은 브랜드는 일종의 후광 효과를 통해 다른 시장에서도 높은 브랜드 프리미엄을 인정받을 수 있다. 유니페어가 도산에서 17년간 쌓아 온 신뢰는 그 자체로 하나의 자산이다. 반면 한남은 도산과 유사한 구매력을 보유하면서도 자유분방하고 트렌드에 민감한 이용객들이 활동하는 거리로, 새로운 시도와 실험적 브랜드에 대한 수용성은 높으나 실제 구매 전환율은 낮다고 강재영 대표는 평가한다. 이 지점에서 &유니페어의 전략적 의미가 드러난다. 도산에서 축적한 브랜드 자산과 운영 노하우라는 탄탄한 기반 위에서, 한남의 개방적 분위기를 활용해 새로운 실험을 시도한 것이다. 이는 일종의 단계적 확장 전략이다. 한남에서의 새로운 비즈니스 실험은 도산에서 축적한 브랜드 자산이 후원군 역할을 했기에 실현될 수 있었다.

7장

K

하이스트리트의 새로운 엔진,
K웨이브

외국인들의 한국 방문은 여행을 넘어
K컬처를 소비하고 체험하는 문화적 인게이지먼트 활동으로 변모 중이다.

01 불황의 늪에 빠진 대한민국

"대한민국 완전히 망했네요. 와!"

파란 눈의 외국인이 은백색 머리를 감싼 채 비명처럼 탄식한 다큐멘터리의 한 장면을 기억하는가. 미국 캘리포니아대학 법학대학원 명예교수 조앤 윌리엄스Joan Williams는 한국의 합계 출산율이 0.78명이라는 설명을 듣고 놀라움을 감추지 못하며 즉각적인 반응을 보였다. 노교수의 당혹한 표정과 망조를 확증하는 자막이 밈이 되어 SNS의 타임라인을 한동안 장악했다. 그의 발언은 한국 사회에서 공감과 논란을 동시에 불러일으켰지만, 공감의 여론이 더 강했던 것으로 기억한다. 한국 안에서뿐 아니라 밖에서도 한국의 미래를 낙관하기에 그리 녹록한 현실이 아닌 것은 분명하다.

상업용 부동산 시장도 상황이 좋을 리 없다. 불황을 예견하는 지표는 갈수록 늘어나고 계절은 봄으로 바뀐 지 오랜데 동결된 내수 시장은 살아날 기미가 보이지 않는다. 와중에 눈치 없이 치솟는 건 물가뿐이다. 크리스마스, 밸런타인 데이, 졸업식과 입학식 등 예전 같으면 예약조차 불가능했을 대목에도 고급 식당이나 레스토랑의 예약이 차지 않고, 옷도 신발도 가방도 잘 팔리지 않는다고 한다. 이러다 정말 큰일 나는 거 아닌가 싶은 업계 사람들의 한숨이 넘칠 때, 리테일 폐업의 심각성을 알리는 객관적 수치들이 그 한숨이 더는 개인적인 차원의 위기가 아니라 경고한다. 그 수치들을 낱낱이 보여 주면 '대한민국 리테일 완전히 망했네요'라며 혀를 내두를 경제 석학이 한둘은 아닐 것 같다.

경기가 얼어붙으면 소비자들의 지출이 줄어 온·오프라인 리테일은 타격을 받는다. 특히 대기업이 아닌 중소기업일수록, 영세 사업자일수록, 고정 비용 부담이 큰 업소일수록 매출 감소에 따른 충격이 크다. 소매업은 불황에 민감하게 반응하고, 그 반응은 폐업이라는 현실 파괴적인 방식으로 나타난다. 한국경영자총협회 보고서에 따르면, 2023년 폐업한 사업자는 98만 6,000명이라고 한다. 협회가 통계 집계를 시작한 2006년 이래 가장 높은 수치다. 글로벌 금융위기가 닥친 2008년에 폐업한 사업자는 84만 4,000명, 코로나19가 한창 기승을 부린 2020년에는 89만 5,000명이었다. 그나마 자기 건물에서 장사하는 사람은 근근이 버티고 있지만, 더는 손 쓸 수 없는 상태로 생업의 끈을 놓는 사업자들이 100만 명에 이르고 있다.

그들이 떠난 자리는 채워지지 않은 채 비어 있다. 공실은 단지 테넌트 수요가 없어 생긴 문제라기보다 2008년 개정된 임대차보호법의 형평성 문제에서 파생된 문제이기도 하다. 현행 임대차보호법이 랜드로드와 테넌트의 상생을 독려하지 못하기 때문이다. 2024년 4분기 6대 하이스트리트의 평균 공실률은 16.6퍼센트에 달했다. 가로수길은 무려 41.2퍼센트가 비었고, 청담(18퍼센트), 강남(15.4퍼센트), 한남(10.5퍼센트), 홍대(10퍼센트) 순으로 빈 점포가 많았다. 유일하게 명동만 4.4퍼센트의 상대적으로 낮은 공실률을 기록했다.

경기 침체의 위기는 비단 한국만의 문제는 아니다. 국제 언론사 로이터가 실시한 조사에서 다수의 경제 전문가들은 글로벌 경제가 침체에 빠질 가능성이 상당하다고 전망했다. 고금리, 고물가, 소득 정체에 따른 내수 침체, 성장률 둔화, 고용 부진, 생산가능 인구의 변화와 AI의 상용화, 스태그플레이션에 더해 트럼프발 관세와 무역 정책이 기업 심리에 악영향을 미친다고 판단한 것이다. 몇 달 전만 해도 같은 전문가들이 견실한 성장세를 예상했으나, 상황이 밝지 않은 방향으로 급변하고 있다.

02

'글로컬' 시장과 한류 제너레이션

　　절망에 익숙해지는 일과 희망을 찾는 일 중 무엇이 더 어려운가. 나는 후자라고 본다. 관성대로 사는 것보다 관성을 거스르며 사는 것이 어렵다. 관성은 절망을 심화하고, 희망은 관성을 거슬러야 찾아진다. 시장 상황이 어려울 때는 특히 그렇다. 박동이 멈춘 캄캄한 내수 시장에 심폐 소생이 가능한가. 감히 그렇다고 말하겠다. 그 희망의 싹을 미지의 소비자에게서 찾을 수 있기 때문이다. 그것은 명동의 공실률이 평균치를 밑도는 이유이기도 하다. 바로 외국인 관광객들의 활성화다.

　　외국인 관광객이 한국을 찾는 이유는 한류韓流, Korean Wave 열풍 덕분인데, 이는 문화 현상을 넘어 한국의 국가 이미지와 경제에 긍정적 영향을 미치는 핵심 요소다. 한류는 한국의 대중문화와 전통문화를 아우르는 다양한 문화 요소가 세계적으로 확산된 현상으로 1990년대 후반에 태동했다. 한국 드라마와 영화가 일본, 중국, 대만, 홍콩 등 동아시아 지역에서 인기를 얻었고 이후 K팝, 음식, 예능, 웹툰, 한국어 등으로 인기 영역이 확장되었다. 근래 패션, 뷰티, 클리닉이 한류 열풍의 새로운 주역으로 떠올랐다.

한류는 특정 산업에 편중되지 않고 다양하게 확장되고 있는데, 콘텐츠 다양성은 무한한 성장 가능성을 의미한다. 내수 시장의 태생적 한계는 규모가 작다는 것이다. 절박한 개인들이 좁은 판에서 피 흘리며 경쟁해 봐도 승자는 대개 대형 자본이다. 한류는 규모의 한계를 돌파하는 도화선이 되었는데, K콘텐츠가 글로벌 시장에 진출하며 새로운 판을 개척했기 때문이다. K컬처의 인기는 수출 증대를 넘어 국내 상권에 외국인 관광객을 끌어들이는 '글로컬glocal' 선순환 생태계를 구축했다. 글로컬은 글로벌global과 로컬local의 합성어로, 국제적 시각과 지역적 특성을 결합한 개념이다. 세계적 트렌드와 기준을 지역 특성에 맞게 적용하고, 지역의 강점을 세계적으로 확장하려는 시도이기도 하다. 차기 네오 하이스트리트로 떠오르는 북촌과 을지로 일대는 그 지역만의 정통성과 토속성이 시장 가치를 인정받아 이국적이면서도 현대적인 개성을 가진 관광지로 널리 알려졌다.

한류는 30여 년이라는 시간의 흐름 속에서 진화했다. K드라마가 이끈 한류 1.0은 〈겨울연가〉로 시작되었다. 한류의 시초라 할 만한 이 드라마는 2003년 일본에서 방영되며 중년 여성들에게 큰 인기를 얻었다. 주연 배용준 배우는 '욘사마'라는 애칭으로 불리며 열광적인 팬층을 형성했고, 촬영지인 남이섬은 일본인 관광객들의 필수 방문지가 되어 한국 관광업에 활력을 불어넣었다. 동아시아가 공유하는 정서적·문화적 친근함 때문인지 〈대장금〉, 〈가을동화〉도 중국, 대만, 홍콩 등에서 높은 시청률을 기록했다. 한국 배우들은 아시아 전역에서 인지도를 높였다.

2000년대 중반부터 2010년대 초반까지 이어진 한류 2.0의 주역은 아이돌이었다. 빅뱅, 동방신기, 원더걸스, 2NE1 등의 아이돌 그룹이 아시아를 넘어 중남미, 중동에서 사랑받았다. 10, 20대 젊은 층이 한류의 주요 소비자였다. 특히 소녀시대와 카라는 일본의, 슈퍼주니어는 중국의 젊은 세대를 사로잡았다. 싸이의 〈강남스타일〉이 국제적인 히트송이 되기도 했다. SM, YG, JYP 등 대형 엔터테인먼트의 체계적인 아이돌 육성 시스템이 주목받았고, 아이돌 산업은 고유한 비즈니스 모델로 자리 잡았다.

이후 K문화 콘텐츠가 한류 3.0을 이끌었다. 대략 2010년대 초중반부터 2020년대 초반까지의 시기다. SNS, OTT 플랫폼의 발달로 한류 콘텐츠가 전 세계에 실시간으로 전파되었다. 북미, 유럽, 남미, 아프리카 등 문화적·지리적으로 동떨어진 나라에서도 한류가 주목받았다. BTS와 블랙핑크는 빌보드 차트를 석권하고, 그래미상 후보에 지명되는 등 전례 없는 성과를 이루며 K팝의 세계화를 이끌었다. OTT의 성장은 한국 드라마와 영화의 국제적 접근성을 낮췄다. 언어 장벽이 낮아지자 한류 콘텐츠는 더

넓은 관객층을 포섭했고, 결과적으로 한국 문화 전반의 관심도를 배가시켰다. 이 시기에 한국 음식과 식품에 대한 관심도 증가했다. 김치, 불고기, 비빔밥 등의 전통 음식뿐 아니라 김밥, 떡볶이 등의 길거리 음식과 라면, 과자, 조미김, 가공 아몬드 등의 간식거리도 선풍적인 인기를 끌었다. K푸드 열풍은 현재 진행형이다. 이는 한식의 프리미엄화뿐 아니라 편의점과 슈퍼마켓의 수요가 높아지는 직접적인 원인이 되고 있다(MZ세대 외국인 관광객의 필수 관광 코스 중 하나가 한국의 슈퍼마켓이라고 한다).

현재 인기몰이 중인 한류 4.0의 주역은 K뷰티, K패션, K클리닉이다. 모든 6대 하이스트리트에서 한류 4.0의 현상이 나타나지만, 메가 하이스트리트에서는 클리닉(주로 강남), 네오 하이스트리트에서는 뷰티(성수)와 패션(한남)의 약진이 두드러진다. K뷰티 하면 빼놓을 수 없는 제왕적 플랫폼은 단연 올리브영이다. 2024년 기준 약 400만 명의 해외 방문객이 올리브영 매장을 찾았다. 올리브영은 이 성장세를 등에 업고 동남아시아와 미국 시장 진출을 가속화하는 중이다. K패션을 대표하는 공룡 플랫폼 무신사도 한국 패션을 글로벌 시장에 활발하게 소개하는 메신저가 되고 있다. 일본 시부야와 하라주쿠에 오픈한 무신사 편집숍은 현지 패션 애호가들 사이에서 화제를 모으며, 한국 패션의 독창성과 실용성을 알렸다. 무신사는 해외 소비자들을 위한 다국어 서비스와 현지화된 마케팅 전략을 활용해 아시아 시장에서 단단한 입지를 다지고 있다. 한국의 클리닉, 즉 피부과와 성형외과는 의료 관광의 핵심축이다. 쁨클리닉이 대표 사례인 대형화된 클리닉은 진료 공간을 넘어 호텔식 편의시설, 다국어 의료 코디네이터, 관광 연계 프로그램 등을 결합한 복합 공간으로 진화하고 있다.

편안한 상담 창구, 팝업존과 포토존, 대형 자판기 등으로 병원 같지 않은 공간으로 꾸민 쁨클리닉의 로비.

03

방문의 목적지가 된 K앵커들

　　　　　　　　한류는 글로벌 대중문화의 한 축으로 성장했다. 한류는 드라마, 영화, 음악에서 시작해 식품, 패션, 화장품 등 다양한 분야로 획장되어 한국의 경제와 관광 산업에 강한 영향을 미치고 있다. 영국의 사회학자이자 모빌리티 연구의 선구자인 존 어리^{John Urry}는 '관광객의 시선은 단지 구경에 그치는 것이 아니라 특정 문화를 소비하는 행위'라고 강조했다. 외국인들의 한국 방문은 여행을 넘어 K컬처를 소비하고 체험하는 문화적 인게이지먼트 활동으로 변모 중인데, 이러한 관광의 질적 변화가 리테일 시장에 새로운 기회를 약속한다.

　　한류를 시의적으로 소비하는 외국인 관광객은 관광 지도를 변화시키는 적극적 주체다. 적극적 주체의 적극적 활동으로 고궁, 박물관 등의 전통적 관광지를 대신해 서울의 6대 하이스트리트가 새로운 관광 허브로 도약했다. 하이스트리트를 관광의 목적지로 삼는 것은 MZ세대, 알파세대 외국인에게 특히 도드라지는 현상이다. 과거 백화점과 면세점 쇼핑이 주목적이었던 중국인 단체 관광객은 감소했지만, 혼자 또는 친구나 가족과 함께 여행을 즐기는 젊은 외국인 관광객은 증가 추세다. 한국문화관광연구원에 따르면, 2023년 외국인 관광객 중 개인 여행 비율은 85퍼센트로 코로나19 이전인 2019년보다 9.4퍼센트 증가했다고 한다. 단체 여행객은 같은 기간 6.7퍼센트 감소했다.

방문객 국적도 다양해지고 있다. 2019년에는 아시아인(83퍼센트)과 비아시아인(17퍼센트) 방문객 비율이 매우 불균형했으나, 2023년에는 아시아인 방문객이 76퍼센트고, 비아시아인 관광객이 24퍼센트로 비아시아인 방문객 비중이 증가했다. 2019년 중국, 일본, 대만, 미국, 홍콩 순이었던 방문객 순위는 2023년 일본, 중국, 미국, 대만, 베트남 순으로 변화했다.

현대인에게 소비는 단순한 물건 구매 행위가 아니라 생존을 위한 본능적 행위에 가깝다. 이 주장은 소비자 행동 분석의 권위자이자 진화심리학 기반 마케팅 연구자인 개드 사드Gad Saad의 것이다. 나는 그의 주장에 상당 부분 동의하는데, 소비는 시간이나 문화 환경을 초월하는 생물학적 본능에 뿌리를 두기 때문이다. 다양한 국적의 관광객들은 SNS를 통해 한국 패션과 뷰티 제품에 관한 정보를 접하고, 쇼핑에 비용과 시간이라는 관광 자원의 대부분을 투자한다. 주요 플래그십의 외국인 매출 비중을 보면, 무신사 스탠다드 성수점은 54퍼센트, 마리떼 프랑소와 저버 명동점은 80~90퍼센트, 마르디 한남점은 90퍼센트에 달한다. 강력한 K 패션 브랜드는 외국인 관광객을 끌어들이는 중요한 앵커 역할을 한다. 관광객이 플래그십을 부러 찾아오는 시대가 되면서 네오 하이스트리트에 출현하는 관광객 비중이 날로 커지는 추세다.

K뷰티의 성지이자 모종의 '관광 현상'이 된 올리브영은 더 자세히 들여다볼 가치가 있는 브랜드다. 한국 헬스 앤드 뷰티H&B 시장의 원탑인 올리브영은 매출부터 심상치 않다. 2021년 2.1조 원에서 2024년 4조 7,900억 원으로 매출이 급증하며 압도적인 시장 장악력을 보이고 있다. 고공행진 중인 올리브영의 리테일 전략은 선제적인 영토 확보에 있었다. 올리브영은 팬데믹 시기에 침체한 리테일 시장을 선점했다. 값비싼 명동 땅에 작지 않은 규모의 올리브영 매장을 여러 개 볼 수 있는 이유가 바로 이 때문이다. 리테일 시장이 최악의 위기를 맞으며 모두가 몸을 사릴 때 발 빠르게 목 좋은 점포를 확보하고, 대규모 유통망을 활용해 비용을 절감하며 절대적인 경쟁우위를 확보한 것이다. 실제로 올리브영 매장 수는 2015년 552개에서 2024년 1,371개로 약 148퍼센트 증가했다. 외국인 관광객 중 특히 화장품 구매 목적의 방문이 증가하면서 2024년 기준 1,371개 매장 중 1,264개 매장에서 외국인 방문 결제가 이루어졌다. 2024년 상반기 기준, 외국인 매출 신장률은 전년 대비 140퍼센트 증가했으며, 방문 외국인 수는

외국인 관광객들의 필수 관광 코스가 된 올리브영N 성수의 K팝 팝업존(아래).

400만 명에 달한다.

천수백 개에 달하는 올리브영 매장 중 '올리브영N 성수'는 외국인 관광객의 새로운 앵커로 거듭나는 중이다. 국내 최대 규모로 성수에 새로 들어선 이 대형 뷰티 복합 공간은 총 5층의 1,400평 면적에 열두 개 전문관과 700개 이상의 브랜드가 입점해 있다. K뷰티, 웰니스, 라이프스타일 전반을 아우르며 신제품 체험 존, 팝업스토어, 카페 등 기존 올리브영 매장에서 볼 수 없었던 층별 구성을 통해 뷰티 박물관이나 뷰티 놀이공원에 온 듯한 착각마저 불러일으킨다.

경험 소비에 최적화된 올리브영N 성수는 외국인 관광객을 염두에 두고 기획된 공간이다. 영어, 일본어, 중국어 등 열여섯 개 언어를 실시간 통역할 수 있는 시스템을 도입했고, 뷰티 플랫폼답게 퍼스널 컬러 진단 같은 특별한 경험을 무료로 제공한다. 팝업존에서 K푸드, K팝, K굿즈 등도 체험할 수 있다.

0 4

메가 하이스트리트, 의료 관광의 허브가 되다

　　　　　　　한국의 의료 서비스, 특히 미용 의학 분야가 글로벌 시장에서 주목받으면서 이에 특화된 상업용 부동산 수요도 급증하고 있다. 첨단 의료 기술, 상대적으로 합리적인 가격, K뷰티의 수직 성장이라는 시장 환경이 의료 관광 열풍에 시너지를 더했다. 2019년 대비 2023년 외국인 환자 수는 14.9퍼센트 증가했고, 성형외과나 피부과를 찾는 외국인 환자는 180.6퍼센트 늘었다.

　의료 관광이 대유행하며 '메디컬 에스테틱Medical Aesthetic'이라는 의료 카테고리가 등장했다. 메디컬 에스테틱은 의료 기기를 활용한 의학적 치료와 제품, 마사지를 활용한 피부 관리를 결합한 개념이다. 의료 기기와 전문 의약품뿐 아니라 화장품, 매뉴얼 테크닉 등을 활용해 미용 효과를 극대화하는 분야를 일컫는다. 팬데믹 이전의 의료 관광은 성형 수술이 주류였지만, 현재는 비수술적 시술 수요가 높다. DNA 분석을 통한 맞춤형 관리, 메타버스, AI 기술을 활용한 미용 컨설팅이 트렌드로 자리 잡는 중이다.

아름다움의 추구는 인간의 근원적인 욕망이자, (앞서 거론한 개드 사드의 관점에서 보자면) 생물학적 보존 활동이다. 메디컬 에스테틱 시장은 연평균 성장률이 30.3퍼센트로 그 성장세가 가히 폭발적이다. 2018년 약 6,663억 원 규모였던 메디컬 에스테틱 시장은 2023년 약 3조 2,560억 원으로 약 다섯 배 성장했고, 2031년에는 11조 808억 원 이상의 규모로 확대될 전망이다.

메디컬 에스테틱의 비약적 성장은 라이프스타일 변화에 민감한 리테일 부동산 시장의 새로운 성장 동력이다. 성장세가 워낙에 가파르다 보니 상업용 부동산의 임차 구조에도 영향을 미치고 있다. 특히 미용 의료 관광의 메카인 강남권의 변화가 두드러지는데, 기존의 '오피스 + 리테일' 위주의 상업용 빌딩이 이제는 '클리닉 + 리테일' 모델로 전환되고 있다. 예컨대 강남대로의 808타워나 양화로의 에이치큐브 빌딩은 전체 임대 공간 중 50~70퍼센트를 의료 클리닉에 할당한다. 주목할 점은 의료 특화 빌딩이 개별 클리닉의 집합을 넘어 통합적인 서비스 경험을 제공하도록 설계되고 있다는 것이다. 환자들은 한 건물에서 상담, 검사, 시술, 회복, 제품 구매까지 원스톱으로 해결할 수 있다. 또한 외국인 환자를 위한 전용 라운지, 다국어 의료 코디네이터, 호텔식 회

강남역 808타워 1층에는 아디다스 플래그십 스토어, 상층에는 다수의 병원과 뷰티 클리닉이 입점해 있다.

복실, 관광 연계 서비스 등이 제공되면서 의료 부동산의 가치가 높아지고 있다.

메디컬 에스테틱 시장의 성장은 국내 수요뿐만 아니라 외국인 환자의 지속적인 증가에 기인한다. 2023년 기준 총 60만 5,768명의 외국인 환자가 한국을 방문했는데, 누적 환자 수가 387만 7,342명을 기록하며 역대 최고치를 달성했다. 국적별로는 일본(31퍼센트), 중국(18.5퍼센트), 미국(12.7퍼센트), 태국(5.1퍼센트) 순으로 많았다. 코로나19 이전에는 중국(32.7퍼센트), 일본(13.8퍼센트), 미국(11.7퍼센트) 순이었으나, 코로나19 이후 일본인 환자 비중이 크게 늘어 순위가 역전되었다.

외국인들이 선호하는 메디컬 에스테틱 지역은 강남구가 확실히 높았다. 일본인은 강남구(7만 1,425명), 중구(4만 5,371명), 서초구(3만 243명) 순으로 방문했으며, 중국인과 미국인은 강남구, 서초구, 중구 순으로 방문했다. 입원이 필요한 환자들도 대부분 강남구를 선택했다. 강남구가 메디컬 에스테틱의 중심지로 확고한 터를 잡자 강남권의 메디컬 에스테틱 매출은 명동, 홍대, 성수, 도산, 한남 등 다섯 개 상권 매출 합계의 약 세 배를 넘어섰다.

문화 경험이 공존하는
K클리닉의 새 물결

뿜글로벌의원 이지은 대표원장

한류 열풍 속에서 패션은 무신사가, 뷰티 제품은 올리브영이 대표 플랫폼으로 자리매김했다. 그 틈을 비집고 새로운 강자가 등장했다. 의료와 미용의 경계를 넘나드는 K클리닉의 새로운 얼굴인 뿜클리닉이다. 뿜클리닉 명동점 이지은 대표원장은 한국 미용·의료가 세계적인 경쟁력을 갖추고 있다며 K클리닉의 글로벌 성장 가능성을 확신한다. 외국인 고객을 타깃으로 하는 명동점은 복합 문화 공간으로 설계되어, 의료 시설의 딱딱한 이미지를 탈피하고 방문객들에게 편안한 경험을 제공하는 혁신적 클리닉 모델로 주목받고 있다.

"기본적으로 병원 같지 않은 공간을 만드는 데 치중했습니다." 이 원장의 설계 의도대로 뿜클리닉 명동점의 공간은 첫인상부터 다르다. 피부과 로비에서 일반적으로 볼 수 있는 시술 안내 배너나 가격표 대신 대형 자판기, 환전기, 포토존, 팝업존을 만날 수 있다. 의도적으로 의료 시설의 분위기를 지우고 고객이 편안함을 느낄 수 있는 공간을 만들었다. 일반 클리닉이 화려한 프로모션과 상품 안내로 고객을 유혹하는 동안 쁨클리닉은 정반대 전략을 택했다. 모든 시술 정보를 감추고 다정한 문화 공간으로 방문객을 맞이하는 접근법은 고객이 부담 없이 공간을 즐기다 상담사와의 대화 속에서 자연스럽게 필요한 서비스를 발견하게 유도한다.

쁨클리닉의 경쟁력은 10년 이상 현장에서 축적한 섬세한 노하우에서 비롯된다. 상담실을 예로 들어 설명해 보자. 명동점의 오픈형 상담실은 일반적인 클리닉과 구조적으로 다르다. 보통 클리닉에 오는 고객들은 다른 사람들은 어떤 시술을 받는지 내심 궁금해한다. 많은 사람이 받는 시술을 받고 싶어 하는 욕망도 크다. 그러면서도 '나'의 개인 정보는 보호받기를 원한다. "고객의 대화가 적당히 들리면서도 사생활이 보호되는 그 미묘한 균형을 찾기 위해 음악 볼륨을 3일 동안 조정합니다." 이 조율 작업을 통해 옆 테이블의 대화가 희미하게 들리면서도 내용은 파악할 수 없는 최적의 소음 레벨을 찾아냈다.

쁨클리닉은 28개 매장을 운영 중이다. 그중 강남, 홍대, 명동, 부산, 제주도에 있는 다섯 개 의원은 글로벌 매장으로 분류된다. 그중 서울의 세 개 글로벌점은 각기 다른 고객층을 끌어들인다. 명동점은 외국인 비율이 90퍼센트 이상이고, 처음 한국 미용 의료를 경험하는 엔트리 고객이 많다. 강남점은 고가 시술 고객과 중국인 고객 비율이 높고, 홍대점은 대만 고객들에게 특별한 인기를 끈다. 한 번 내방시 다양한 시술을 동시에 진행하기를 원하는 대만, 홍콩, 싱가포르 고객의 객단가가 가장 높고, 지리적으로 가까워 자주 내방하는 일본인 고객은 유튜브 캡션까지 보고 철저히 준비한 뒤 특정 시술만을 위해 방문한다.

쁨클리닉은 뷰티 강국인 일본 시장 진출을 앞두고 있다. 이지은 원장은 글로벌 진출을 앞두고 포부를 밝혔다. "우리보다 한 등급 위인 시장에서 승부를 봐야 진정한 글로벌 브랜드로 도약할 수 있다고 생각했습니다." 인구 1억 2,000만 명의 거대한 내수 시장과 뷰티에 대한 높은 관심도는 일본을 매력적인 첫 해외 진출 대상지로 만들었다. 일본의 시술비는 한국의 평균 시술비보다 네다섯 배 비싸다. 한국과 일본의 규제 환경 차이도 새로운 비즈니스 기회를 열어 주는데, 단적으로 의사가 시술하지 않아도 되는 영역이 넓어 더 높은 수익률을 기대할 수 있다. 일본에서의 성공 이후 대만, 싱가포르, 홍콩 등 다른 아시아 시장으로의 확장을 위한 견고한 발판이 될 거라 기대하고 있다.

이 원장의 머릿속에는 K클리닉 생태계의 청사진이 그려져 있다. 무신사가 패션 브랜드들을 양산하고 일부는 독립적인 플래그십으로 성장시켰듯이, 미용 의료 분야의 플랫폼으로서 연계 브랜드들의 글로벌 진출을 지원하는 생태계를 구축하고 있다. 또한 VIP들을 위한 토털 서비스도 구상 중이다. 럭셔리 쇼핑을 즐기는 고객층의 니즈를 반영해 여러 대기업과 제휴를 확대하며 서비스 영역을 늘려 갈 예정이다.

쁨클리닉의 궁극적 목표는 K뷰티 문화의 상징적 메카를 창조하는 것이다. 의료 시술과 문화적 경험이 자연스럽게 공존하는 공간에서, 세계 각국의 방문객들이 한국의 의료 기술을 경험하며 동시에 소비 활동으로 이어지는 구조를 구축하고자 한다. 미적 아름다움의 추구를 넘어, 한국 의료 관광 산업의 부가 가치를 높이고 관련 산업과의 상생을 통해 경제적 파급 효과를 극대화하는 비즈니스 모델이다. 실제로 뽐클리닉의 고객 평균 객단가는 동종 업계 최상위 수준으로 이들이 한국에 체류하는 동안 쇼핑, 숙박, 식사, 엔터테인먼트 등에 지출하는 추가 소비액을 포함하면 1인당 경제 유발 효과는 1,000만 원 이상으로 추산된다. 이는 K클리닉이 단순한 의료 서비스를 넘어 국가 경제에 실질적 가치를 창출하는 고부가 가치 산업으로 성장하고 있음을 보여 준다.

8장

연결

시간과 시대와 사람과
브랜드가 만나는 장소

상권은 도시의 다양한 요소와 상호 작용하며
고유의 아이덴티티를 강화한다.

01

상권과 조직의
유사성

　　　　　상권과 조직은 언뜻 보면 닮은 점이 없는 것 같다. 어떻게 물리적 공간의 집합체인 상권과 인적 자원의 집합체인 조직이 유사할 수 있나 의문이 드는 것이다. 하지만 상권과 조직의 작동 원리를 들여다보면 꽤 유사한 패턴이 발견된다. 작동 주체가 다름 아닌 인간이기 때문이다. 상권이 일반적으로 상점이라는 점의 집합으로 시작해 선과 면으로 확장되듯, 조직도 개인이라는 점이 모여 팀과 부서라는 선과 면을 형성한다.

　　상권 일반론이나 생애 주기에 근거해 말하자면, 개성 강한 카페와 남다른 아이디어와 비전을 가진 비즈니스 플레이어들(점)이 삼삼오오 모여 거리(선)를 형성하고, 이 거리가 모여 상권(면)을 이룬다. 조직도 마찬가지다. 스타트업 초기에는 창업자와 소수의 핵심 인력이 모여 작은 팀을 이루고, 이 팀이 성장해 부서와 사업부로 확장하며 기업을 형성한다. '점, 선, 면'의 확장 패턴은 상권과 조직 모두에서 발견되는 자연스러운 성장 현상이다. 상권의 뛰어난 기획자는 이 패턴을 활용해 상권의 가치를 만들고, 유능한 리더는 이 과정에서 필요한 전략과 자원 배분을 통해 조직을 키운다.

성장은 늘 문제를 동반한다. 평범한 상권이 하이스트리트 단계에 진입하면 임대료 상승, 젠트리피케이션, 과열된 경쟁, 권역별 불균형 발전 등의 문제가 나타난다. 기업도 부서 간 소통 부재, 의사결정 지연, 자기만의 이익과 목표에 골몰하면서 협업하지 않는 사일로 현상 등의 문제에 직면한다. 이는 발전 과정에서 나타나는 필연적 성장통이라서 이를 피할 도리가 없다. 문제를 외면하거나 덮어 두기보다는 받아들이며 합리적으로 관리하는 방법을 찾아야 한다.

성수가 핫플레이스로 부상한 이유는 무엇일까? 전통과 현대가 공존하는 과정에서 만들어진 상권의 독특한 미감이 성수만의 공기를 만들었기 때문이다. 오래된 공장과 창고가 문화 공간으로 재탄생하고, 전통 수제화 가게와 힙한 카페가 공존하는 거리는 호기심을 자극한다. 조직도 다양한 배경과 전문성을 가진 구성원들이 조화롭게 어우러질 때 대체 불가능한 힘이 생긴다. C&W에 입사하고 나서 2년이 채 지나지 않아 국제 부동산 시장은 위기 국면에 접어들었고, 그 영향으로 퇴사 광풍이 불어 내가

속한 팀의 인원은 팀장인 나를 포함해 단 세 명이 되고 말았다. 현재는 100여 명의 개성 강한 플레이어들이 함께 일하고 있다.

현재 부서의 주축을 이루는 팀장급 직원들은 내가 직접 인터뷰하고 채용했다. 그때나 지금이나 인재를 뽑는 관점은 같다. '둥근 돌은 보기는 좋은데 딱히 쓰임이 없고, 모난 돌은 보기는 사나우나 쓰임이 있다'는 생각이다. 모든 일을 적당히 평균적으로 잘하는 것보다 한 가지 일에 특화된 것이 향후 회사나 업계에서 인정받고 성장하는 데 훨씬 도움이 된다. 모나디 모난 돌들이 모인 조직이다 보니, 그 다양성을 포용하기 쉽지 않은 순간도 있지만 다양성을 존중할 때 얻는 실익이 조직 차원에서 더 크다.

이태원, 가로수길, 북촌은 모두 서울의 상권이지만 각기 다른 고유한 분위기와 아이덴티티를 가지고 있다. 그곳에 모인 상점들의 조합, 방문객들의 특성, 시간의 흐름에 따라 그만의 감성이 자연스럽게 형성된 것이나. 삼싱, 네이머, 카가오는 모두 기술 기업이지만 전혀 다른 조직 문화를 가지고 있다. 창업자의 철학, 구성원들의 상호 작용, 성공과 실패의 경험이 축적되며 형성된 정체성이다. 상권의 기획자는 상권의 색깔을 존중하며 발전시키고, 기업의 리더는 조직원의 아이덴티티가 자연스럽게 발현될 수 있는 환경을 조성하되, 조직의 핵심 가치와 미션에 부합하는 방향성도 고려해야 한다.

변화는 선택이 아니라 존립의 조건이다. 독특한 정체성을 가진 상권이나 조직이라도 변화하지 않으면 생존할 수 없다. 명동은 서울의 대표 하이스트리트지만, 새로운 트렌드와 소비자 니즈에 적응하지 못하고 침체기를 겪었다. 을지로는 오래된 인쇄소와 철물점 사이에 개성 있는 카페와 바가 들어서며 새로운 활력을 찾았다. 조직도 마찬가지다. 새로운 인재와 아이디어의 지속적인 유입이 없으면 혁신은 멈추고 경쟁력을 잃게 된다. 노키아, 코닥처럼 한 시대를 풍미했던 기업은 변화하는 시장에 적응하지 못해 살아남지 못했다.

02   문명화 과정으로서의 상권

　　　　　　변하지 않는 것은 이 세상에 없다. 그런데 종종 불변하는 정체성이라는 환상에 사로잡히곤 한다. 20세기의 탁월한 사회학사 노르베르드 엘리아스는 《문명화 과정》에서 이러한 태도에 근본적인 의문을 제기한다. 엘리아스는 인간을 역사의 흐름 속에서 끊임없이 재구성되는 존재이자, 사회적 관계망의 변화에 따라 유동적으로 형성되는 과정적 실체로 이해한다.

　엘리아스가 묘사하는 문명화의 궤적은 행동 제어 메커니즘의 점진적 이동을 보여 준다. 중세 시대 인간의 행동은 주로 외부적 강제와 물리적 제약에 따라 규제되었다. 그런데 근대로 접어들면서 이러한 통제는 점차 개인의 내면으로 이식되었다. 칼을 든 기사나 권위적 군주의 명령이 아닌, 수치심과 불안이라는 심리적 기제가 인간의 행동을 조율하게 된 것이다. 이는 단순한 행동 양식의 변화가 아니라 인간 존재 방식의 근본적 전환을 의미한다.

엘리아스의 빼어난 통찰 중 하나는 인간의 정체성 형성이 사회적 상호의존성의 증가와 밀접하게 연결되었음을 꼬집은 것이다. 봉건제에서 절대주의 국가로, 다시 근대 국가로 이행하는 과정에서 인간관계의 망은 더 복잡해지고 상호의존적이 되었다. 이러한 복잡함 속에서 개인은 자기 행동이 타인에게 미치는 영향을 세심하게 고려해야 했고, 이는 자기 성찰적 의식의 발달로 이어졌다.

발달한 자기 통제 능력은 마치 날 때부터 인간에게 내재한 것으로 여겨진다. 엘리아스는 이를 장구한 역사적 과정의 산물로 바라본다. 오늘날 우리가 자연스럽게 여기는 행동 양식과 감정 구조는 사실 수세기에 걸친 사회적 학습과 내면화의 결과물이다. 엘리아스가 강조하는 정체성의 사회적 구성 맥락은 우리에게 겸손을 가르친다. '나'라고 부르는 것, 내가 가진 깊은 감정과 충동의 구조는 역사적 우연성과 사회적 관계의 산물이기 때문이다. 동시에 이는 변화의 가능성을 시사한다. 정체성이 고정된 실체가 아니라면, 더 나은 관계와 공존의 방식을 향해 끊임없이 자신을 재구성할 수 있기 때문이다.

인간의 정체성은 역사의 흐름과 사회적 관계의 변증법적 산물이다. 따라서 우리는 연결되어 있다. 홀로 있는 개인도 이 연결에서 자유로울 수 없다. 엘리아스의 시각은 자아에 대한 역동적이고 상호 연결된 이해를 촉구한다. 문명화란 인간이 자신과 타인을 인식하는 방식의 변화다. 이 변화는 끊임없이 진행되는 미완의 프로젝트다.

엘리아스의 주장은 개인의 정체성에만 국한되지 않고, 도시 공간의 정체성, 특히 상권의 정체성을 이해하는 데 유용한 틀을 제공한다. 나는 문명화의 끝판왕이 상권이라 생각한다. 상권은 고립된 개체가 아니라 도시라는 연결망 속에서 다양한 요소와 끊임없이 상호 작용하는 열린 사회의 민감한 생명체다. 상권은 도시의 역사적 발전 과정, 사회경제 구조, 문화 흐름, 정치 역학 등 다양한 맥락 속에서 자신만의 색깔을 만들어 간다.

이러한 관점에서 보면, 상권의 정체성은 '연결'의 방식에 따라 결정된다고 볼 수 있다. 상권이 도시의 다양한 요소, 즉 시간대, 계층, 문화 등과 어떻게 연결되는가에 따라 그 성격과 발전 방향이 달라지는 것이다. 상권은 연결성을 통해 외부 환경의 영향을 받아들이고, 이를 내면화하여 아이덴티티를 구축한다. 개인이 사회적 규범을 내면화해 정체성을 형성하듯, 상권도 도시의 다양한 요소와의 연결을 내면화하여 독특한 문화적·경제적 특성을 발전시키는 것이다.

이 지점에서 메가 하이스트리트와 네오 하이스트리트의 근본적 차이가 드러난다. 두 유형의 상권은 도시 환경과 연결되는 방식과 이 연결을 자기화하는 과정에서 뚜렷한 대조를 보인다. 메가 하이스트리트는 '포용적 연결'을, 네오 하이스트리트는 '선택적 연결'을 내면화하는 전략을 취한다.

03 **포용적 연결과
선택적 연결이 만든 아이덴티티**

　　　　　　도시를 걷다 보면, 자연스레 그 도시만의 고유한 리듬과 숨결을 느낀다. 그 중심에는 언제나 활기찬 상권이 자리한다. 현대 도시의 상업 공간은 물건을 사고파는 곳에 머물지 않고 도시의 문화적 DNA를 담아내는 생동하는 유기체로 진화했다. 특히 하이스트리트는 도시의 중추 신경이자 상징으로, 도시 전체의 경제적·사회적·문화적 특성을 반영하고 개발한다.

　　상권은 공급자와 수요자가 만나는 장이다. 달리 말하면 하이스트리트는 본질적으로 연결의 공간이다. 하이스트리트는 교통, 문화, 지역, 트렌드뿐 아니라 사람, 시대, 국가 등 문명의 구성 요소들이 만나고 상호 작용하는 교차점이다. 두 하이스트리트가 보여 주는 연결 방식의 차이는 서로 다른 영혼을 가진 사람의 성격처럼 다르다. 이 차이에서 그만의 별다르고 월등한 캐릭터가 생겨난다.

메가 하이스트리트는 시간의 분절을 아우르며 과거, 현재, 미래를 포용한다. 또한 하이엔드 브랜드와 대중적인 SPA 브랜드, 노점에 이르기까지 다양한 상업 주체들을 하나의 권역에 공존시킨다. 고소득층과 중산층, 청년층과 노년층이 같은 공간을 공유하고 각자의 필요와 취향에 맞는 소비 활동을 독려하는데, 이 과정에서 계층적 다양성과 폭넓은 연령대를 확보한다.

메가 하이스트리트는 상업 시설로 치면 여러 기능이 혼합된 복합 문화 공간의 구실을 한다. 명동은 일반 매장과 플래그십뿐 아니라 오피스, 공연장, 관광 명소 등이 어우러져 있고, 홍대는 카페, 클럽, 예술 공간, 교육 시설이 공존한다. 강남은 오피스, 의료 시설, 교육 기관, 엔터테인먼트 시설이 밀집되어 있다. 다양한 도시 기능을 포용한 메가 하이스트리트는 시간대와 요일에 구애받지 않아 공동화 현상 없이 거리가 줄곧 활성화되어 있다. 인근 상권, 대중교통, 다양한 상업 형태를 모두 연결하여 도시의 생명력을 집약적으로 보여 주는 상권 생태계를 형성한다.

네오 하이스트리트는 선택적 연결과 차별적 경계 설정을 통해 자신만의 고유한 정체성을 구축한다. 무차별적인 포용보다는 철저한 큐레이션을 기반으로 특정 세대, 계층, 취향을 선별적으로 수용하여 명확한 소비층을 포섭한다. 성수는 인더스트리얼 감성을 바탕으로 힙스터와 MZ세대의 취향에 특화된 공간을 조성하고, 한남은 글로벌 고급문화와 예술적 감성을 추구하는 사람들을 위한 세련된 소비 공간을 제공한다. 도산은 청담의 고급스러움을 계승하되 고루한 이미지는 배제하고, 압구정의 젊은 감성은 수용하되 대중적 요소는 걸러 내는 이중 전략을 통해 뉴럭셔리의 중심지로 입지를 다졌다.

네오 하이스트리트의 선택적 연결성은 특정 요소를 거부하는 소극적 태도가 아니라, 고유한 정체성을 형성하기 위한 적극적 의지 표명이다. 이들은 지역의 특정 요소만을 계승하고 재해석함으로써 고유한 서사를 만든다. 성수는 공업 지대의 거친 미학을 재해석하되, 실제 공업 기능은 배제하는 방식으로 상권의 산업 유산과 선택적으로 연결된다. 한남은 이태원의 다문화적 요소 중 선진적 글로벌 감성만을 취하며, 도산은 청담동의 럭셔리 문화를 젊고 실험적인 방향으로 재해석한다.

네오 하이스트리트는 차별적 경계 설정을 통해 자기 입지를 강화한다. 인접 상권과의 경계를 명확히 함으로써 진입 장벽이 높은 영토를 구축한다. 이러한 경계는 물리적일 뿐만 아니라 문화적 상징 요소를 통해서도 나타난다. 성수는 건축, 인테리어, 브랜드 선정 등을 통해 건대, 한양대 등 인근 대학 상권과 구별되는 미학적 코드를 확립하고, 한남은 이태원과의 물리적 경계뿐 아니라 브랜드 구성, K패션 클러스터 등을 통해 차별화를 꾀한다. 도산은 압구정과 청담동 사이에 위치하면서도 독자적인 브랜딩과 큐레이션을 통해 다름을 어필한다.

메가 하이스트리트와 네오 하이스트리트의 대조적 연결 방식과 내면화 전략은 도시 문화와 사회 구조에 대한 접근 방식의 차이를 반영한다. 메가 하이스트리트의 포용적 연결은 도시의 다양한 요소들을 통합적으로 수용하고 자기화함으로써 포괄적이고 다층적인 정체성을 구축하게 한다. 이는 도시의 사회적·문화적 다양성을 증진하고, 서로 다른 계층과 집단 간의 만남과 교류를 촉진한다. 그러나 이러한 포괄성은 상권 정체성을 흐리게 만드는 맹점도 있다.

네오 하이스트리트의 선택적 연결은 특정 요소들만을 선별적으로 수용하고 내면화함으로써 더 명확하고 차별화된 정체성을 구축하게 한다. 이는 소비자 취향이 개인화되고 희소한 가치를 추구하는 라이프스타일의 경향에 근거할 때 강력한 경쟁력의 요인이다. 소비자들이 자기 아이덴티티와 공명하는 공간을 찾아가는 시대에, 네오 하이스트리트는 방문 자체가 자기표현의 일부가 되는 효용을 준다. 동시에 도시 공간의 파편화와 계층적 분리라는 사회적 문제를 초래한다. 이는 상권의 지속가능성과 도시 문화의 선진화에 부정적 영향을 끼칠 수 있다.

결국 하이스트리트의 연결이란, 노르베르트 엘리아스가 말하는 결합태적 정체성 형성의 핵심 메커니즘이다. 엘리아스의 결합태figuration 개념은 개인들이 복잡하게 얽힌 상호의존적 관계망을 의미하는데, 하이스트리트는 이러한 관계망이 물리적 공간으로 구현된 형태라 할 수 있다. 메가 하이스트리트는 다양한 요소들을 포용적으로 연결하며 도시에 활력을 주고, 네오 하이스트리트는 선택적 연결을 통해 독자적인 문화 공간을 제공한다. 두 유형의 상권이 보여 주는 연결의 대조적 양상은 현대 도시의 다양성과 특수성, 통합과 차별화 사이의 역동적 긴장 상태를 반영한다.

나는 메가 하이스트리트와 네오 하이스트리트의 차이를 가치의 우위로 평가하지 않는다. 이상적인 하이스트리트의 모델을 그리며 두 하이스트리트를 통합하자고 억지를 부릴 생각도 없다. 그보다 중요한 것은 개별 하이스트리트의 아이덴티티를 있는 그대로 존중하는 것이다. 물론 하이스트리트의 강한 정체성이 유발한 문제는 유연하게 해결해 나가야 한다. 건강한 개인은 다양한 관계와 가치를 수용하면서도 고유한 일관성과 방향성을 유지한다. 건강한 하이스트리트 역시 다르지 않다.

_____
나가는 말

공간에 숨을 불어넣는 사람들

2008년부터 지금까지, 강산이 거의 두 번 바뀌는 시간 동안 부동산 서비스 회사 C&W에 몸담고 있다. 해외 영업의 꿈을 안고 국내 최대의 기업에 공채로 입사해서 반도체 미국 영업을 담당하다가, 전략 컨설턴트의 꿈을 갖고 컨설팅 회사로 옮겨 주중, 주말 할 거 없이 바쁜 일정을 소화하며 정신없이 일했다. 그러다 지인을 통해 우연히 이직의 기회를 얻었다. 난생처음 들어 보는 낯선 이름을 가진 C&W라는 회사에 입사할 때만 해도 등기부등본을 어떻게 읽는지도 몰랐다. C&W가 부동산 서비스 회사였는데도 말이다.

입사하고 처음 맡았던 일은 공사가 진행 중인 마카오의 베니션 호텔에 한국 브랜드를 유치하는 일이었다. 반도체를 해외에

파는 일이나 밤새워 컨설팅 장표와 씨름하는 일보다 한국의 브랜드를 해외에 유치하는 일이 더 재밌을 것 같다는 단순한 호기심에 이직을 결심했다가 첫 프로젝트를 진행하며 큰코다친 기억이 난다. 난도 높은 시간을 버티며 무례와 불안과 고통의 시간을 넘어설 때 일이 된다는 것을 배웠다.

미국의 서브프라임 사태는 부동산 업계에 엄혹한 겨울을 몰고 왔다. 같은 팀에 근무하던 동료 절반 이상이 회사를 떠났다. 부정적인 감정을 담아 두거나 쌓아 두는 성격이 아닌데 그때는 하루하루 낙담하며 지냈다. 예전 회사로 다시 돌아갈까 하는 질문을 수없이 되뇌었다. 세상살이란 참 아이러니하다. 많은 선임이 떠나는 아픔 속에서 나에게 팀을 이끌 수 있는 기회가 찾아왔으니 말이다. 한 손에 쓴잔을 들고 있으면, 다른 손에 어느새 단잔이 쥐어지는 것이 세상 이치인 것도 같다. 이후 해외 SPA 브랜드들의 한국 진출과 함께 내가 이끄는 팀이 급성장하면서 새로운 일에 함께 도전할 분들을 모셔 올 수 있었다. 서브프라임의 어두운 그늘이 드리워진 2011년부터 코로나19가 세상을 바꿔 놓을 때까지 매년 30퍼센트씩 조직이 성장했으니, 어찌 보면 서브프라임은 내 인생의 전환점이 된 축복과 같은 사건이었다.

C&W 입사 초기에 명동은 높은 공실률로 어려움을 겪고 있었다. 리먼 브라더스 사태로 인해 엠플라자와 같은 신규 프로젝트도 중단 위기에 놓여 있었다(당시 명동 엠플라자 리모델링 사업의 투자자가 리먼 브라더스였다). 다행히 곧 불어닥친 글로벌 SPA 패션 열풍으

로 공실 문제가 해결됐고, 중국인을 주 대상으로 한 화장품 브랜드들의 매장 오픈 경쟁으로 명동 임대료와 토지 가격은 2020년 코로나19로 상권이 붕괴되기 전까지 연일 최고가를 기록했다.

코로나19가 한창일 무렵 업계 전문가들은 명동의 현재와 미래를 비관했다. 명동의 공실률이 50퍼센트에 육박하자, 외국인이 다시 돌아오더라도 예전의 모습을 회복하기 어렵다는 예측을 쏟아 냈다. 코로나19가 끝나더라도 전성기를 회복하는 데 약 5년의 세월이 필요하다는 의견이 지배적이었다. 그런데 팬데믹이 종식되고 하늘길이 뚫리자 외국인 관광객들이 물밀듯이 쏟아져 들어왔고, 비어 있던 매장들은 새로운 애슬레저, K패션 브랜드로 채워졌다. 과거보다 다양한 상품군의 브랜드들이 입점하며 명동은 상권의 매력을 끌어올렸고, 코로나19 시기 대형 매장을 준비한 올리브영, 나이키, 아디다스와 같은 브랜드는 코로나 이전보다 훨씬 높은 매출을 올렸다. 코로나19라는 암흑기를 버텨 낸 브랜드들은 이어지는 보복 소비 시장에서 괄목할 만한 성장을 이뤘다.

명동이 깊은 늪에 빠져 있을 때 성수는 폭발적으로 성장해 한국을 대표하는 하이스트리트 대열에 올랐다. 대체 불가능할 것 같았던 명동의 자리를 점차 성수가 대신하는 모습을 보노라면 세상에 영원한 것은 역시 없는 것 같다. 브랜드와 상권은 살아 움직이는 생물 같아서 인간의 생애처럼 희로애락을 겪으며 성장하다 침체하고 다시 성숙해지기를 반복한다. 그 지난한 과정 속에서 우리는 겸손을 배운다.

리테일 시장에는 봄, 여름, 가을, 겨울이 번갈아 찾아온다. 한류 제한령(한한령), 메르스, 코로나와 같은 사태를 겪을 때마다 누군가는 오프라인 사업을 접고, 누군가는 그 자리에서 새롭게 비즈니스를 시작하는 일이 반복되었다. 나는 이 책을 통해 엄동설한에 피어난 꽃의 이야기를 담고 싶었다. "제비꽃은 제비를 부르지 않고 그저 피어 있으면 제비가 와서 날아든다."《대망》의 저 유명한 대사처럼 때로는 가장 어려운 시기에 묵묵히 자리를 지키는 것만으로도 기회는 찾아온다. 인생이든 비즈니스든 가장 어둡고 추운 겨울을 견디는 자만이 봄의 꽃을 피울 자격을 얻는다.

팬데믹 후유증이 채 가시기도 전에 내수 부진, 트럼프발 관세 상승, 불안정한 국내 정치 이슈 등으로 오프라인 비즈니스가 어려움을 겪고 있다. 가끔은 스스로에게 묻는다. 이 모든 시련의 의미는 무엇일까? 아마도 시장은 끊임없이 성찰하고, 변화하는 환경에 적응하며, 다시 도약할 수 있게 하는 내면의 회복탄력성을 시험하는 것인지도 모른다. 이 책에서 분석한 서울의 대표 하이스트리트의 특성을 살펴보며, 현재 혹독한 겨울을 보내고 있는 분들이 희망의 빛을 볼 수 있기를, 새로운 도약의 실마리를 찾을 수 있기를 조심스럽게 소망한다.

이 책을 집필하며 랜드로드와 브랜드, 투자자와 디벨로퍼의 입장과 시각을 모두 고려하고자 노력했다. 랜드로드나 디벨로퍼, 투자자의 입장에서, 때로는 테넌트인 브랜드의 입장에서 일하다 보니 랜드로드와 테넌트가 상생하는 방안에 대해 늘 고민한다. 테넌트와 랜드로드가 대립 구도에 있는 사회적 인식을 바꾸기 위해 그간 노력해 왔다. 현재 리테일 시장에서 랜드로드와 테넌트는 동업자에 가깝다. 공간의 가치를 올리는 일을 함께 진행하기 때문이다. 현행 임대차보호법도 양자가 상생하는 방향으로 수정되어야 한다. 테넌트가 10년간 같은 공간에서 영업할 수 있는 권리를 넘어서서 랜드로드와 테넌트가 공동 투자하고 수익을 나누어 갖는 방향을 도모하는 것이 맞다.

수십 년 동안 같은 일을 하면 달인이 된다고 하는데, 나에겐 해당하지 않는 말 같다. 이 책을 쓰면서 오랜 기간 경험한 리테일 부동산 시장의 한 챕터를 마무리할 수 있었지만, 여전히 나는 배움의 길 위에 있다. 완성된 답보다는 더 나은 질문을 찾아가는 과정이 의미 있다.

17년이라는 긴 시간 동안 늘 새로운 문을 열고 들어갈 기회와 용기를 주신 C&W 황점상 대표님과 순간순간 어려운 숙제를 함께 풀어 왔던 윤화섭 상무님, 30대와 40대라는 찬란한 인생의 황금기를 모두 바쳐 가며 전장에서 함께 싸우는 전우로, 축포를 터트리는 친구로 함께해 준 채상윤, 양승한, 신경철, 최경수 후배들께 깊은 감사의 인사를 전한다. 자기 일처럼 집필 과정에 도움을 준 남신구, 김철호, 권인중, 최경희를 비롯한 90명의 쿠시먼 리테일 가족분들께 감사의 고마움을 전한다. 색다른 관점에서 상권을 이해할 수 있도록 귀한 얘기를 해 주신 무신사 박지원 실장님, 스타로드자산운용 이혜원 대표님, 상인베스트먼트 한상웅 대표님, 유니페어 강재영 대표님, 쁨클리닉 이지은 대표원장님, JLL 이지수 차장님께도 감사드린다. 궂은 날씨에도 여러 상권을 같이 누비며 끊임없이 토론하고 고민하면서 집필에 도움을 주신 디자인하우스 김선영 편집장님과 박은영 작가님께도 감사 인사를 전한다.

친구 같은 아빠를 늘 자랑스럽게 생각해 주는 두 아들 시후와 동우, 매일 늦게 들어오는 남편을 항상 응원해 주는 아내에게 감사와 사랑의 마음을 전한다. 그리고 장성한 아들 걱정에 늘 잠 못 이루시는 어머니와 문제의 본질을 들여다볼 수 있도록 언제나 지혜로운 인사이트를 주시는 아버지께 감사와 사랑과 존경의 마음을 담아 인사드린다.

| 참고문헌 |

강민호, 《브랜드가 되어간다는 것》, 턴어라운드

개드 사드, 《소비 본능》, 데이원

김미선, 《명동 아가씨》, 마음산책

김시덕, 《도시문헌학자 김시덕의 강남》, 인플루엔셜

노르베르트 엘리아스, 《문명화 과정》, 한길사

다니엘 핑크, 《파는 것이 인간이다》, 청림출판

허버트 마셜 매클루언, 《미디어의 이해》, 커뮤니케이션북스

마이클 스펜스, 《넥스트 컨버전스》, 리더스북

마이클 포터, 《마이클 포터의 경쟁우위》, 비즈니스랩

소스타인 베블런, 《유한계급론》, 휴머니스트

악셀 호네트, 《인정투쟁》, 사월의책

앙리 르페브르, 《공간의 생산》, 에코리브르

엘리자베스 커리드핼킷, 《야망계급론》, 오월의봄

자크 데리다, 《환대에 대하여》, 필로소픽

제인 제이컵스, 《미국 대도시의 죽음과 삶》, 그린비

조지프 슘페터, 《자본주의·사회주의·민주주의》, 한길사

제임스 길모어·조지프 파인 2세, 《경험 경제》, 유엑스리뷰

존 어리·요나스 라슨, 《관광의 시선》, 소명출판

최원석, 《결국, 오프라인》, 디자인하우스

크리스 앤더슨, 《롱테일 경제학》, 랜덤하우스코리아

피에르 부르디외, 《구별짓기》, 새물결

필립 코틀러·주셉페 스틸리아노, 《필립 코틀러 리테일 4.0》, 더퀘스트

필립 코틀러·허마원 카타자야·이완 세티아완, 《필립 코틀러의 마켓 4.0》, 더퀘스트

하워드 슐츠·조앤 고든, 《온워드》, 에이트포인트

한나 아렌트, 《인간의 조건》, 한길사

서울의 하이스트리트

1판 1쇄 발행 2025년 7월 3일
1판 2쇄 발행 2025년 7월 30일

지은이 김성순
펴낸이 이영혜
펴낸곳 ㈜디자인하우스

책임편집 김선영
글도움 박은영
사진 이경옥, 이창화, 나혜림, 쿠시먼앤드웨이크필드
그래픽디자인 홍은주, 김형재
표지디자인 박영남
본문디자인 프롬디자인
교정교열 이진아
홍보마케팅 서민주
영업 문상식 소은주
제작 정현석, 민나영
아트디렉션 김홍숙
콘텐츠자문 김은령
라이프스타일부문장 이영임

출판등록 1977년 8월 19일 제2-208호
주소 서울시 중구 동호로 272
대표전화 02-2275-6151
영업부직통 02-2263-6900
대표메일 dhbooks@design.co.kr
인스타그램 instagram.com/dh_book
홈페이지 designhouse.co.kr

ⓒ 김성순, 2025
ISBN 978-89-7041-321-1 03320

- 책값은 뒤표지에 있습니다.
- 이 책 내용의 일부 또는 전부를 재사용하려면 반드시 ㈜디자인하우스의 동의를 얻어야 합니다.
- 잘못 만들어진 책은 구입하신 서점에서 교환해 드립니다.

디자인하우스는 독자 여러분의 소중한 아이디어와 원고 투고를 기다리고 있습니다.
원고가 있으신 분은 dhbooks@design.co.kr로 개요와 기획 의도, 연락처 등을 보내 주세요.